PUBLIÉ SOUS LA DIRECTION
DE LA
SECTION HISTORIQUE DE L'ÉTAT-MAJOR DE L'ARMÉE

LA CAMPAGNE DE 1805 EN ALLEMAGNE

PAR

P.-C. ALOMBERT
CONTRÔLEUR DE L'ADMINISTRATION
DE L'ARMÉE

J. COLIN
CAPITAINE D'ARTILLERIE A LA SECTION HISTORIQUE
DE L'ÉTAT-MAJOR DE L'ARMÉE

TOME PREMIER
(DOCUMENTS ANNEXES ET CARTES)

PARIS
LIBRAIRIE MILITAIRE R. CHAPELOT ET Ce
IMPRIMEURS-ÉDITEURS
30, Rue et Passage Dauphine, 30

1902

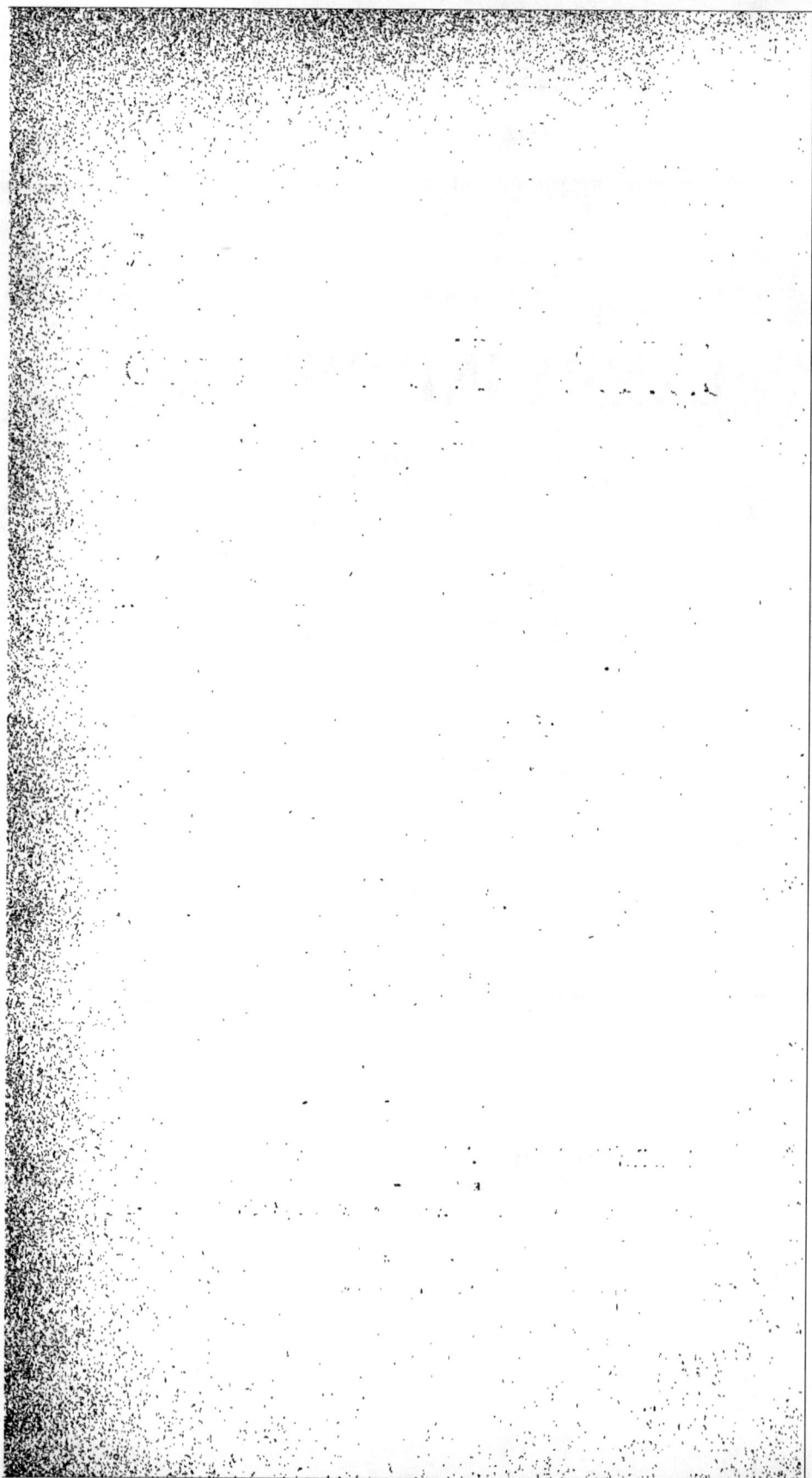

LA

CAMPAGNE DE 1805

EN ALLEMAGNE

PARIS. — IMPRIMERIE R. CHAPELOT ET Cᵉ, 2, RUE CHRISTINE

PUBLIÉ SOUS LA DIRECTION
DE LA
SECTION HISTORIQUE DE L'ÉTAT-MAJOR DE L'ARMÉE

LA
CAMPAGNE DE 1805
EN ALLEMAGNE

PAR

P.-C. ALOMBERT
CONTRÔLEUR DE L'ADMINISTRATION
DE L'ARMÉE

J. COLIN
CAPITAINE D'ARTILLERIE A LA SECTION HISTORIQUE
DE L'ÉTAT-MAJOR DE L'ARMÉE

TOME PREMIER
(DOCUMENTS ANNEXES ET CARTES)

PARIS
LIBRAIRIE MILITAIRE R. CHAPELOT ET Cᵉ
IMPRIMEURS-ÉDITEURS
30, Rue et Passage Dauphine, 30

1902

DOCUMENTS ANNEXES

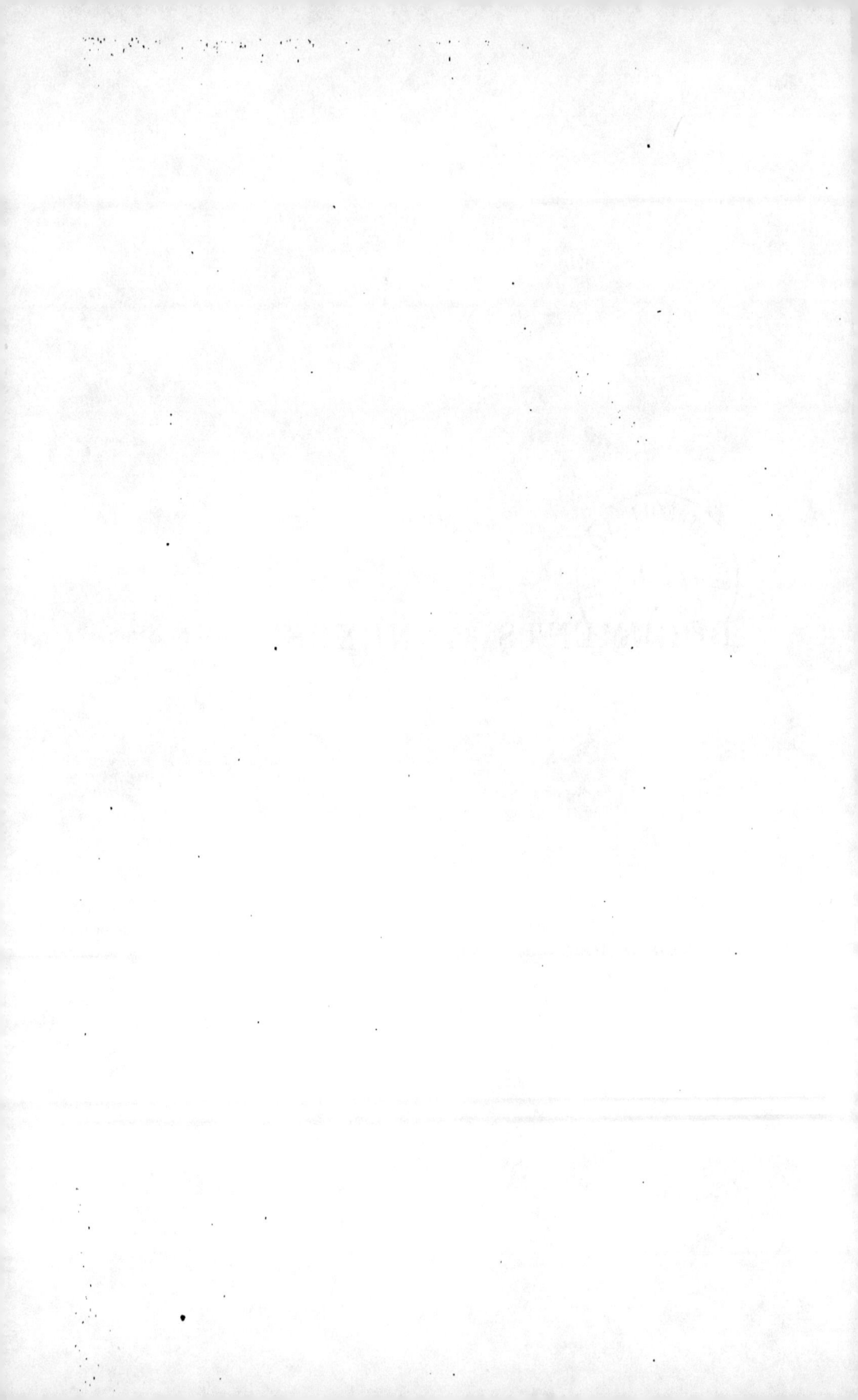

I. — Forces de l'Empire au 16 thermidor an XIII.

NUMÉROS des régiments.	BATAILLONS.	AFFECTATION.	PRÉSENTS.	EN RECRUTEMENT et détachés.	EMBARQUÉS.	AUX HÔPITAUX.	EFFECTIFS.
							hommes.
		INFANTERIE DE LIGNE.					
1...	1, 2, 3...	Royaume d'Italie, 2e division	1,999	46	»	109	2,154
2...	1, 2, 3, 4.	Toulon, 8e division militaire	1,084	54	»	83	1,221
»	Détachᵗ..	Escadre de Toulon, troupes d'équipage.	»	»	1,602	»	1,602
3...	1, 2....	Armée des côtes... 2e aile	1,400	»	»	»	1,400
		Armée des côtes... Corps du centre	362	»	»	108	470
	3, 4....	Longwy, 3e division militaire	730	84	»	74	888
4...	1, 2....	Armée des côtes, corps du centre	1,992	»	»	67	2,059
	3.......	Nancy, 4e division militaire	447	60	»	43	550
5...	1, 2, 3, 4.	Turin, 27e division militaire	2,276	50	»	192	2,518
6...	1, 2, 3...	États de Naples, 1re division	2,027	54	»	92	2,173
7...	1, 2, 3...	Bordeaux, Blaye, 11e division militaire.	864	3	»	113	980
8...	1, 2, 3...	Hanovre, 2e division	2,205	36	»	79	2,320
9...	1, 2, 3...	Royaume d'Italie, 3e division	1,614	47	»	157	1,818
	Bat. d'élite.	Armée des côtes, avant-garde	681	»	»	48	729
10..	1, 2, 3...	Royaume d'Italie, 3e division militaire..	1,708	61	»	139	1,908
11..	1, 2, 3...	Armée des côtes, 1er corps détaché	2,201	»	»	60	2,261
	4.......	Bergopzoom, Batavie	241	52	»	11	301
12..	1, 2.....	Armée des côtes, corps de droite	1,698	»	»	83	1,781
	3.......	Mézières, 2e division militaire	448	39	»	36	523
13..	1, 2, 3...	Brigg, les 10 et 11 fruct., 7e division militaire, venant de Metz	1,237	52	»	99	1,388
	Bat. d'élite.	Armée des côtes... 4e aile	700	»	»	»	700
		Armée des côtes... Avant-garde	33	»	»	53	86
14..	1, 2.....	Armée des côtes, corps du centre	1,806	»	»	50	1,856
	3.......	Maëstricht, 25e division militaire	416	75	»	48	539
15..	1, 2, 3, 4.	Brest, à la div. de la marine, 13e div. mil.	1,066	48	»	42	1,156
	Détachᵗ..	Escadre de Brest	»	»	1,422	»	1,422
16..	1, 2.....	Escadre de Toulon	»	»	1,978	»	1,978
	3.......	Fort Joubert (8e division militaire)	503	44	»	33	580
17..	1, 2.....	Armée des côtes... 5e aile	1,400	»	»	»	1,400
		Armée des côtes... Corps de droite	457	»	»	87	544
	3, 4.....	Bruxelles, 24e division militaire	606	49	»	74	729
18..	1, 2, 3...	Strasbourg, 24 et 26 fruct., 5e division militaire, venant de Paris	2,012	30	»	120	2,162
19..	1, 2, 3...	Hanovre, 3e division	1,791	37	»	106	1,934
20..	1, 2.....	Gênes, 27e division militaire	1,177	112	»	91	1,380
	3.......	Porto-Ferrajo et Longonne, 23e div. mil.	834	22	»	136	992
	4.......	Ajaccio, etc., 23e division militaire	749	17	»	64	830
	Dépôt...	Antibes, 8e division militaire	11	»	»	»	11
21..	1, 2.....	Armée des côtes, corps de droite	1,770	»	»	92	1,862
	3, 4.....	Cologne, 25e division militaire	557	53	»	65	675
22..	1, 2.....	Armée des côtes, corps du centre	1,688	»	»	103	1,791
	3.......	Béthune, 16e division militaire	441	45	»	31	517
23..	1, 2, 3, 4.	Alexandrie, 27e division militaire	2,763	37	»	119	2,919
24..	1, 2, 3...	Escadre de Brest. Troupes d'expédit.	»	»	950	»	950
		Escadre de Brest. Troupes d'équip...	»	»	1,252	66	1,318
	4.......	Saint-Pol-de-Léon, Roscoff, 13e div. milit.	507	43	»	20	570

NUMÉROS des régiments.	BATAILLONS.	AFFECTATION.	PRÉSENTS.	EN RECRUTEMENT et détachés.	EMBARQUÉS.	AUX HÔPITAUX.	EFFECTIFS.
							hommes.
25..	1, 2.....	Armée des côtes, corps de droite.......	1,799	»	»	67	1,866
	3.......	Valenciennes, 16e division militaire....	431	41	»	37	512
26..	1.......	Escadre de l'île d'Aix, à la Guadeloupe.	»	»	703	56	759
	2.......	Escadre de l'île d'Aix, à la Martinique.	»	»	742	26	768
	3.......	Périgueux, 20e division militaire.......	477	43	»	34	554
	»	Dét. du 3e bat., escadre du contre-amiral Magon..........................	»	»	75	»	75
27..	1, 2.....	Armée des côtes, corps de gauche......	1,771	»	»	72	1,843
	3.......	Huningue, 5e division militaire........	420	54	»	13	487
28..	1, 2.....	Armée des côtes, corps du centre......	1,799	»	»	54	1,853
	3.......	Lille, 16e division militaire..........	470	64	»	40	574
29..	1, 2, 3...	Royaume d'Italie, 1re division.........	2,104	42	»	116	2,262
30..	1, 2.....	Armée des côtes, corps de droite......	1,533	»	»	98	1,631
	3.......	Aix-la-Chapelle, 25e division militaire..	227	84	»	15	326
31..	»	Incorporé le 1er bat. dans le 7e régiment, le 2e bat. dans le 105e (1)...........	»	»	»	»	»
32..	1, 2.....	Armée des côtes, corps de gauche......	1,681	»	»	113	1,794
	3.......	Vincennes, 1re division militaire.......	414	»	»	16	430
33..	1, 2.....	Armée des côtes, corps de droite......	1,561	»	»	116	1,677
	3.......	Tournay, 24e division militaire........	423	64	»	30	517
34..	1, 2.....	Armée des côtes... 3e aile..........	1,400	»	»	»	1,400
		Armée des côtes... Corps du centre...	326	»	»	78	404
	3, 4. ...	Mayence, 26e division militaire........	899	95	»	73	1,067
35..	1, 2.....	Armée des côtes, 1er corps détaché.....	1,650	»	»	98	1,748
	3.......	Côtes du Helder, Batavie............	326	1	»	57	384
	4.......	Breda, Batavie..................	219	41	»	17	277
36..	1, 2.....	Armée des côtes, corps du centre......	1,876	»	»	5	1,881
	3.......	Mons, 24e division militaire..........	427	83	»	33	543
37..	1, 2.....	Escadre de Brest. Troupes expédit...	»	»	300	»	300
		Escadre de Brest. Troupes d'équip...	»	»	1,150	21	1,171
	3, 4.....	Vannes et côtes, 13e division militaire.	604	44	»	62	710
	Détacht..	Embarqué, 13e division militaire......	»	»	127	»	127
38..	»	Incorporé dans le 37e régiment......	»	»	»	»	»
39..	1, 2.....	Armée des côtes, corps de gauche......	1,688	»	»	92	1,780
	3.......	Lille, 16e division militaire..........	315	60	»	22	397
40..	1, 2.....	Armée des côtes, corps du centre......	1,689	»	»	78	1,767
	3.......	Orléans, 1re division militaire........	319	85	»	28	432
41..	»	Incorporé dans le 17e régiment.......	»	»	»	»	»
42..	1, 2, 3...	Etats de Naples, 1re division.........	1,568	35	»	96	1,699
	4 comp. du 1er bat.	Etats de Naples, 2e division.........	263	7	»	22	292
43..	1, 2.....	Armée des côtes, corps du centre......	1,820	»	»	69	1,889
	3.......	Béthune, 16e division militaire........	474	86	»	24	584
44..	1, 2.....	Armée des côtes, 2e corps détaché.....	1,329	»	»	37	1,366
	3.......	Bourges, 21e division militaire........	384	48	»	33	465
45..	1, 2, 3 ..	Hanovre, 2e division..............	2,024	41	»	142	2,210
46..	1, 2.....	Armée des côtes, corps du centre......	1,762	»	»	34	1,796
	3.......	Lille, 16e division militaire..........	394	89	»	25	508
47..	1.......	Escadre de Brest. Troupes expédit...	»	»	524	»	524
		Escadre de Brest. Troupes d'équip...	»	»	211	21	232
	2, 3.....	Lorient, 13e division militaire........	597	45	»	109	751
	Détacht..	Embarqué, 13e division militaire......	»	»	242	»	242

(1) Camp d'Utrecht.

NUMÉROS des régiments.	BATAILLONS.	AFFECTATION.	PRÉSENTS.	EN RECRUTEMENT et détachés.	EMBARQUÉS.	AUX HÔPITAUX.	EFFECTIFS.
							hommes.
48..	1, 2.....	Armée des côtes, corps de droite......	1,577	»	»	108	1,685
	3.......	Anvers, à la division de la marine (24e division militaire)................	406	38	»	41	485
49..	»	Incorporé dans le 24e régiment........	»	»	»	»	»
50.	1, 2.....	Armée des côtes... 1re aile..........	1,400	»	»	»	1,400
		Corps de gauche...	378	»	»	111	489
	3.......	Lille, 16e division militaire...........	269	41	»	42	352
51..	1, 2.....	Armée des côtes... 5e aile...........	700	»	»	»	700
		Corps de droite....	1,051	»	»	69	1,120
	3.......	Ypres, 16e division militaire..........	335	50	»	34	419
52..	1, 2, 3...	Royaume d'Italie, 1re division.........	1,962	30	»	96	2,088
53..	1, 2, 3...	Royaume d'Italie, 2e division..........	1,950	37	»	105	2,092
54..	1, 2, 3...	Hanovre (réserve)..................	2,099	54	»	98	2,251
55..	1, 2....	Armée des côtes, corps du centre......	1,826	»	»	40	1,866
	3.......	Lille, 16e division militaire...........	364	37	»	33	434
56..	1, 2.....	Asti (Alexandrie pour travailler aux fortifications pendant la belle saison, 27e division militaire).............	2,261	45	»	123	2,429
57..	1, 2	Armée des côtes, corps du centre......	1,840	»	»	53	1,893
	3.......	Lille, 16e division militaire.	406	43	»	111	560
58..	1, 2, 3...	Metz, du 21 au 23 fructidor, venant de Mayence, 3e division militaire.......	1,154	56	»	94	1,304
	Bat. d'élite.	Armée des côtes... 4e aile...........	700	»	»	»	700
		Avant-garde......	58	»	»	27	85
59..	1, 2.....	Armée des côtes, corps de gauche.....	1,781	»	»	103	1,884
	3.......	Luxembourg, 3e division militaire......	432	42	»	41	515
60..	1, 2, 3, 4.	Alexandrie, 27e division militaire......	2,714	44	»	116	2,874
61..	1, 2.....	Armée des côtes, corps de droite.......	1,622	»	»	134	1,756
	3.......	Malines, 24e division militaire.........	587	43	»	16	646
62..	1, 2, 3, 4.	Royaume d'Italie, 3e division..........	2,250	71	»	98	2,419
63..	1.......	Armée des côtes, 2e corps détaché.....	707	62	»	61	830
	2.......	Idem........................	660	47	»	62	769
	3.......	Poitiers, 12e division militaire.........	283	60	»	38	381
64..	1, 2.....	Armée des côtes, corps du centre......	1,740	»	»	83	1,823
	3.......	Rocroy, 2e division militaire...........	323	45	»	35	403
65..	1, 2.....	Armée des côtes, 2e corps détaché.....	1,136	»	»	45	1,181
		Escadre de Brest, troupes d'équipages..	»	»	286	»	286
	3.......	Saint-Brieuc, 13e division militaire.....	361	38	»	24	423
	Id......	Embarqué, 13e division militaire.......	»	»	267	»	267
66..	1, dépôt.	La Rochelle, île d'Aix, 12e division militaire.........................	920	»	»	65	985
67..	1, 3.....	Nice, 8e division militaire.............	584	50	»	46	680
	2.......	Escadre de Toulon..................	»	»	1,190	»	1,190
68..	»	Incorporé dans le 56e régiment........	»	»	»	»	»
69..	1, 2.....	Armée des côtes, corps de gauche......	1,749	»	»	79	1,828
	3.......	Luxembourg, 3e division militaire......	424	51	»	11	486
70..	1.......	Armée des côtes, 2e corps détaché.....	666	»	»	27	693
		Escadre de Brest, troupes d'équipages.	»	»	139	»	139
	2, 3.....	Quiberon, Port-Liberté, 13e div. milit.	787	44	»	53	884
	Détacht..	Embarqué, 13e division militaire.......	»	»	318	»	318
71..	»	Incorporé dans le 35e régiment.......	»	»	»	»	»
72..	1, 2.....	Armée des côtes, corps du centre......	1,611	»	»	110	1,721
	3.......	Hesdin, 16e division militaire.........	379	31	»	67	477
73..	»	Incorporé dans le 23e régiment........	»	»	»	»	»
74..	»	Incorporé dans les 26e et 89e régiments.	»	»	»	»	»

NUMÉROS des régiments.	BATAILLONS.	AFFECTATION.	PRÉSENTS.	EN RECRUTEMENT et détachés.	EMBARQUÉS.	AUX HÔPITAUX.	EFFECTIFS.
							hommes.
75..	1, 2.....	Armée des côtes, corps du centre......	1,857	»	»	142	1,999
	3.......	Quesnoy, 16e division militaire........	355	52	»	22	429
76..	1, 2.....	Armée des côtes, corps de gauche.....	1,847	»	»	57	1,904
	3.......	Juliers, 25e division militaire.........	744	75	»	50	869
77..	»	Incorporé dans le 79e régiment........	»	»	»	»	»
78..	»	Incorporé dans le 2e régiment.........	»	»	»	»	»
79..	1, 2, 3, 4.	A Casal, 27e division militaire.........	1,859	»	»	145	2,004
	Id....	5 compagnies au Ferrol.............	»	»	647	»	647
80..	»	Incorporé dans le 4e régiment.........	»	»	»	»	»
81..	1, 2, 3...	Besançon, 6e division militaire........	1,191	42	»	81	1,314
	Bat. d'élite.	Armée des côtes, avant-garde.........	744	»	»	41	785
82..	1, dépôt.	Aux Sables..... Napoléon....... Noirmoutier..... Ile d'Aix....... } 12e division militaire.	1,136	»	»	116	1,252
83..	»	Incorporé dans le 3e régiment.........	»	»	»	»	»
84..	1, 2, 3...	Armée des côtes, 1er corps détaché.....	2,079	70	»	88	2,237
85..	1, 2.....	Armée des côtes, corps de droite.......	1,754	»	»	61	1,815
	3.......	Sarrelibre, 3e division militaire........	270	74	»	42	386
86..	1, 2, 3, 4.	Bayonne et citadelle, 11e division milit.	1,285	5	»	74	1,364
87..	»	Incorporé dans le 5e régiment........	»	»	»	»	»
88..	1, 2.....	Armée des côtes, corps du centre......	1,729	»	»	84	1,813
	3.......	Citadelle de Strasbourg, 5e div. milit.	387	60	»	20	467
89..	»	Incorporé dans le 86e rég., aux colonies.	»	»	»	»	»
90..	»	Incorporé dans le 93e régiment........	»	»	»	»	»
91..	»	Incorporé dans le 20e régiment........	»	»	»	»	»
92..	1, 2, 3...	Armée des côtes, 1er corps détaché.....	2,400	1	»	137	2,538
	4.......	Nimègue, Batavie..................	448	42	»	41	531
93..	1, 2, 3, 4.	Iles de Ré et de Yeu, 12e division milit.	1,164	36	»	54	1,254
	Détacht..	Embarqué.........................	»	»	772	»	772
	4e comp.	Détach. expéditionnaire de 600 hommes.	»	»	480	»	480
94..	1, 2, 3...	Hanovre, 3e division...............	2,033	38	»	149	2,220
95..	1, 2, 3...	Hanovre, 1re division..............	2,386	48	»	92	2,526
96..	1, 2.....	Armée des côtes, corps de gauche.....	1,721	»	»	74	1,795
	3.......	Trèves, 26e division militaire........	485	66	»	23	574
97..	»	Incorporé dans le 67e régiment.......	»	»	»	»	»
98..	»	Incorporé dans le 92e régiment.......	»	»	»	»	»
99..	»	Incorporé dans le 62e régiment.......	»	»	»	»	»
100.	1, 2, 3...	Armée des côtes, avant-garde........	2,074	»	»	20	2,094
	Dépôt...	Lille, 16e division militaire..........	270	»	»	107	377
101.	1, 2, 3 ..	Royaume d'Italie, 1re division.........	1,957	49	»	90	2,096
102.	1, 2, 3...	Gênes, etc., 28e division militaire......	2,025	»	»	176	2,201
103.	1, 2, 3...	Armée des côtes, avant-garde.........	2,173	»	»	33	2,206
	Dépôt...	Lille, 16e division militaire...........	177	16	»	55	248
104.	»	Incorporé dans le 11e régiment.......	»	»	»	»	»
105.	1.......	Armée des côtes, 2e corps détaché.....	845	»	»	28	873
	2.......	Id.......................	659	»	»	45	704
	3.......	Belle-Isle-en-Mer, 13e division militaire.	463	35	»	35	533
106.	1, 2, 3...	Royaume d'Italie, 2e division militaire..	1,934	24	»	115	2,073
107.	»	Incorporé dans le 15e régiment.......	»	»	»	»	»
108.	1, 2.....	Armée des côtes, corps de droite.......	1,761	»	»	132	1,893
	3.......	Anvers, 24e division militaire.........	339	»	»	»	»
109.	»	2 bataillons incorporés dans le 21e régiment, 1 bataillon aux colonies.......	»	»	»	»	»

NUMÉROS des régiments.	BATAILLONS.	AFFECTATION.	PRÉSENTS.	EN RECRUTEMENT et détachés.	EMBARQUÉS.	AUX HÔPITAUX.	EFFECTIFS.
							hommes.
110.	»	Le 1er bataillon incorporé dans le 55e régiment, les 2e et 3e bataillons dans le 86e, aux colonies	»	»	»	»	»
111.	1, 2	Armée des côtes, corps de droite	1,806	»	»	137	1,943
	3	Montmédy, 2e division militaire	262	46	»	14	322
112.	1, 2, 3	Cherbourg, etc., 14e division militaire	1,169	46	»	152	1,367
	Détaché	Embarqué, 14e division militaire	»	»	42	»	42

Total de l'infanterie de ligne.	Présents	172,204
	En recrutement et détachés	4,339
	Embarqués	15,419
	Aux hôpitaux	10,458
	Effectifs : hommes	202,420

Soit 287 bataillons, dont :

67 régiments à 3 bataillons,

20 — à 4 —

2 — à 1 —

Et 4 bataillons d'élite des 9e, 13e, 38e et 81e régiments.

INFANTERIE LÉGÈRE.

1	1, 2, 3	États de Naples, 1re division	2,481	39	»	131	2,651
2	1, 2, 3	Paris, 1re division militaire	1,164	61	»	126	1,351
	Bat. d'élite.	Armée des côtes… 4e aile	700	»	»	»	700
		Armée des côtes… Avant-garde	30	»	»	56	86
3	1, 2, 3	Gênes, les 15 et 17 vendém., 28e division militaire, venant de Perpignan	1,224	39	»	78	1,341
	Bat. d'élite.	Armée des côtes… 4e aile	700	»	»	»	700
		Armée des côtes… Avant-garde	72	»	»	21	93
4	1, 2, 3	Armée des côtes, avant-garde	1,714	»	»	159	1,873
	Dépôt	Lille, 16e division militaire	123	»	»	3	126
5	1, 2, 3, 4.	Pau, Navarreins, 11e division militaire.	1,081	»	»	122	1,203
6	1, 2	Armée des côtes… 1re aile	1,400	»	»	»	1,400
		Armée des côtes… Corps de gauche	434	»	»	84	518
	3	Givet, 2e division militaire	533	45	»	47	625
7	1, 2	Escadre de Brest, troupe expéditionnaire	»	»	1,534	85	1,628
	3, 4	Rennes et Saint-Malo, 13e division militaire	1,056	58	»	88	1,202
8	1, 2	Royaume d'Italie, 2e division militaire.	1,097	42	»	122	1,261
	3 (Corse)	Armée des côtes, corps du centre	818	»	»	131	949
	Dépôt, 3.	Antibes, 8e division militaire	25	»	»	9	34
9	1, 2	Armée des côtes… 1re aile	1,400	»	»	»	1,400
		Armée des côtes… Corps de gauche	430	»	»	122	552
	3	Charleville et Mézières, 2e divis. milit.	539	59	»	35	633
10	1, 2	Armée des côtes… 3e aile	1,400	»	»	»	1,400
		Armée des côtes… Corps du centre	243	»	»	68	311
	3	Évreux, 15e division militaire	483	56	»	108	647
11	»	Incorporé dans le 5e régiment	»	»	»	»	»
12	1, 2, 3	Paris, 1re division militaire	1,005	42	80	61	1,188

NUMÉROS des régiments.	BATAILLONS.	AFFECTATION.	PRÉSENTS.	EN RECRUTEMENT et détachés.	EMBARQUÉS.	AUX HÔPITAUX.	EFFECTIFS.
							hommes.
12..	Bat. d'élite.	Armée des côtes, avant-garde........	720	»	»	65	785
13..	1, 2.....	Armée des côtes... 5e aile..........	1,400	»	»	»	1,400
		Armée des côtes... Corps de droite...	302	»	»	59	361
	3.......	Gand, 24e division militaire..........	390	46	»	55	491
14..	1, 2, 3...	Parme, 28e division militaire.........	1,930	46	»	228	2,204
15..	1, 2.....	Strasbourg et Landau, 5e division militaire........................	1,274	47	»	84	1,405
	Bat. d'élite.	Armée des côtes, avant-garde........	723	»	»	62	786
16..	1, 2, 3...	Armée des côtes, 2e corps détaché.....	2,051	76	»	149	2,276
	4.......	Belle-Isle-en-Mer, 13e division militaire.	806	31	»	53	890
17..	1, 2.....	Armée des côtes... 3e aile..........	1,400	»	»	»	1,400
		Armée des côtes... Corps du centre...	496	»	»	84	580
	3.......	Strasbourg, 5e division militaire.......	486	83	»	58	607
18..	1, 2.....	Armée des côtes, 1er corps détaché.....	1,463	»	»	91	1,554
	3.......	Côtes du Helder, Batavie............	289	11	»	33	333
19..	»	1er bataillon incorporé dans le 11e régiment, les 2e et 3e bataillons dans le 3e régiment....................	»	»	»	»	»
20..	»	Incorporé dans le 7e régiment........	»	»	»	»	»
21..	1, 2.....	Armée des côtes, corps de droite......	1,295	»	»	60	1,355
	3.......	Vanloo, 25e division militaire.........	338	45	»	29	412
22..	1, 2, 3...	Royaume d'Italie, 1re division.........	1,737	52	»	112	1,901
23..	1, 2, 3...	Royaume d'Italie, 3e division..........	2,113	32	»	195	2,340
24..	1, 2.....	Armée des côtes... 2e aile..........	1,400	»	»	»	1,400
		Armée des côtes... Corps du centre...	265	»	»	74	339
	3.......	Nantes, 12e division militaire.........	417	79	»	56	552
25..	1, 2.....	Armée des côtes, corps de gauche.....	1,663	»	»	139	1,802
	3, 4.....	Verdun, 2e division militaire..........	746	46	»	74	866
26..	1, 2.....	Armée des côtes... 2e aile..........	1,400	»	»	»	1,400
		Armée des côtes... Corps du centre...	283	»	»	126	409
	3.......	Sedan, 2e division militaire..........	504	57	»	44	605
27..	1, 2, 3...	Hanovre, 1re division...............	3,326	43	»	103	2,472
28..	1, 2, 3...	Granville, etc., 14e division militaire...	861	84	»	54	999
	Détaché.	Embarqué, 14e division militaire.......	»	»	72	»	72
	Bat. d'élite.	Armée des côtes... 4e aile..........	700	»	»	»	700
		Armée des côtes... Avant-garde......	65	»	»	16	81
29..	»	Incorporé dans le 16e régiment.......	»	»	»	»	»
30..	»	Incorporé dans le 25e régiment.......	»	»	»	»	»
31..	1, 3..... 2.......	Havre, etc....... Dieppe.......... 15e divis. militaire.	1,539	36	»	108	1,683
	Bat. d'élite.	4e aile..........................	700	»	»	»	700
		Avant-garde......................	44	»	»	46	90
32..	1.......	Etats de Naples, division de cavalerie...	604	»	»	51	655
	2.......	Grenoble (vient de Gênes), 7e division militaire........................	308	»	»	»	308

TOTAL de l'infanterie légère.	Présents................................	53,170
	En recrutement et détachés..................	1,255
	Embarqués..............................	1,695
	Aux hôpitaux............................	3,965
	Effectifs : hommes........................	60,085

NUMÉROS des régiments.	ESCADRONS.	AFFECTATION.	PRÉSENTS.	EN RECRUTEMENT et détachés.	AUX HÔPITAUX.	EFFECTIFS. HOMMES.	EFFECTIFS. CHEVAUX.
		CAVALERIE.					
		CARABINIERS.					
1...	1, 2, 3...	Armée des côtes, réserve............ (Se rendent à Schelestadt.)	440	»	5	445	444
	4.......	Lunéville, 4e division militaire.........	188	»	19	212	103
2...	1, 2, 3...	Armée des côtes, réserve............ (Se rendent à Schelestadt.)	407	»	4	411	413
	4.......	Lunéville, 4e division militaire........	190	4	14	208	103
		CUIRASSIERS.					
1...	1, 2, 3...	Paris, 1re division militaire..........	602	»	38	640	557
2...	1, 2, 3...	Armée des côtes, réserve............ (Se rendent à Schelestadt.)	453	»	4	457	469
	4.......	Caen, 14e division militaire..........	160	2	15	177	98
3...	1, 2, 3...	Armée des côtes, réserve............ (Se rendent à Schelestadt.)	488	»	5	493	475
	4.......	Saint-Germain, 1re division militaire...	97	»	12	109	57
4...	1, 2, 3, 4.	Royaume d'Italie, division de grosse cavalerie......................	588	2	20	610	490
5...	1, 2, 3, 4.	Vesoul et Gray, 6e division militaire....	590	4	36	630	460
6...	1, 2, 3, 4.	Royaume d'Italie, div. de grosse cavalerie.	485	8	34	527	503
7...	1, 2, 3, 4.	Id.	571	5	28	604	521
8...	1, 2, 3, 4.	Id.	565	1	62	628	506
9...	1, 2, 3...	Armée des côtes, réserve............ (Se rendent à Schelestadt.)	391	»	1	392	373
	4.......	Mayence, 26e division militaire........	203	4	10	217	55
10..	1, 2, 3, 4.	Haguenau, 5e division militaire........	663	3	22	688	434
11..	1, 2, 3, 4.	Versailles, 1re division militaire........	621	1	15	637	475
12..	1, 2, 3...	Armée des côtes, réserve............ (Se rendent à Schelestadt.)	416	»	7	423	403
	4.......	Deux-Ponts, 26e division militaire.....	222	3	19	244	148
		DRAGONS.					
1...	1, 2.....	Armée des côtes, réserve............ (Se rendent à Strasbourg.)	373	»	10	383	394
	3.......	Armée des côtes, réserve............ (Se rend à Strasbourg.)	297	»	22	319	»
	4.......	Rambouillet, 1re division militaire......	181	»	12	193	126
2...	1, 2.....	Armée des côtes, réserve............ (Se rendent à Strasbourg.)	410	»	10	420	351
	3.......	Armée des côtes, réserve............ (Se rend à Strasbourg.)	197	»	»	197	»
	4.......	Cambrai, 16e division militaire........	205	»	10	217	68
3...	1, 2.....	Armée des côtes, réserve............ (Se rendent à Strasbourg.)	360	»	2	362	373
	3.......	Armée des côtes, réserve............ (Se rend à Strasbourg.)	303	»	21	324	»
	4.......	Versailles, 1re division militaire.......	246	»	42	388	97

NUMÉROS des régiments.	ESCADRONS.	AFFECTATION.	PRÉSENTS.	EN RECRUTEMENT et détachés.	AUX HÔPITAUX.	EFFECTIFS. HOMMES.	CHEVAUX.
4...	1, 2.....	Armée des côtes, réserve............ (Se rendent à Strasbourg.)	362	»	1	383	359
	3.......	Armée des côtes, réserve............ (Se rend à Strasbourg.)	297	»	»	297	»
	4.......	Amiens, 15e division militaire........	220	4	10	234	135
5...	1, 2.....	Armée des côtes, réserve............ (Se rendent à Strasbourg.)	354	»	11	365	376
	3.......	Armée des côtes, réserve............ (Se rend à Strasbourg.)	302	»	»	302	»
	4.......	Noyon, 1re division militaire..........	212	»	23	235	125
6...	1, 2.....	Armée des côtes, réserve............ (Se rendent à Strasbourg.)	356	»	5	361	371
	3.......	Armée des côtes, réserve............ (Se rend à Strasbourg.)	302	»	»	302	»
	4.......	Chantilly, 1re division militaire........	156	»	10	166	69
7...	1, 2, 3, 4.	Etats de Naples, division de cavalerie..	561	41	89	691	531
8...	1, 2.....	Armée des côtes, réserve............ (Se rendent à Strasbourg.)	350	»	13	363	374
	3.......	Armée des côtes, réserve............ (Se rend à Strasbourg.)	303	»	»	303	»
	4.......	Senlis, 1re division militaire..........	190	»	19	209	138
9...	1, 2.....	Armée des côtes, réserve............ (Se rendent à Strasbourg.)	344	»	16	360	360
	3.......	Armée des côtes, réserve............ (Se rend à Strasbourg.)	304	»	19	323	»
	4.......	Versailles, 1re division militaire.......	192	»	20	212	140
10..	1, 2.....	Armée des côtes, réserve............ (Se rendent à Strasbourg.)	375	»	9	384	372
	3.......	Armée des côtes, réserve............ (Se rend à Strasbourg.)	298	»	»	298	»
	4.......	Abbeville, 15e division militaire........	197	2	28	227	130
11..	1, 2.....	Armée des côtes, réserve............ (Se rendent à Strasbourg.)	353	»	5	358	355
	3.......	Armée des côtes, réserve............ (Se rend à Strasbourg.)	298	»	»	298	»
	4.......	Cambrai, 16e division militaire........	195	12	»	»	»
12..	1, 2.....	Armée des côtes, réserve............ (Se rendent à Strasbourg.)	310	»	15	325	377
	3.......	Armée des côtes, réserve............ (Se rend à Strasbourg.)	303	»	»	303	»
	4.......	Verberie, 1re division militaire........	129	»	3	132	141
13..	1, 2.....	Armée des côtes, réserve............ (Se rendent à Strasbourg.)	366	»	5	371	358
	3.......	Armée des côtes, réserve............ (Se rend à Strasbourg.)	298	»	»	298	»
	4.......	Bapaume, 16e division militaire........	220	2	27	249	215
14..	1, 2.....	Armée des côtes, réserve............ (Se rendent à Strasbourg.)	385	»	15	400	322
	3.......	Armée des côtes, réserve............ (Se rend à Strasbourg.)	247	»	»	247	»
	4.......	Beauvais, 1re division militaire........	262	»	13	275	120
15..	1, 2.....	Armée des côtes, réserve............ (Se rendent à Spire.)	312	»	22	334	361
	3.......	Armée des côtes, réserve............ (Se rend à Strasbourg.)	300	»	32	332	»

NUMÉROS des régiments.	ESCADRONS.	AFFECTATION.	PRÉSENTS.	EN RECRUTEMENT et détachés.	AUX HÔPITAUX.	EFFECTIFS. HOMMES.	EFFECTIFS. CHEVAUX.
15..	4.......	Laon, 1re division militaire...........	143	»	20	163	120
16..	1, 2.....	Armée des côtes, réserve............. (Se rendent à Strasbourg.)	358	»	11	369	363
	3.......	Armée des côtes, réserve............. (Se rend à Strasbourg.)	301	»	»	301	»
	4.......	Soissons, 1re division militaire.........	186	»	10	196	104
17..	1, 2.....	Armée des côtes, réserve............. (Se rendent à Spire.)	385	»	11	376	376
	3.......	Armée des côtes, réserve............. (Se rend à Strasbourg.)	301	»	»	301	»
	4.......	Laon, 1re division militaire...........	238	»	16	254	142
18..	1, 2.....	Armée des côtes, réserve............. (Se rendent à Spire.)	359	»	7	366	371
	3.......	Armée des côtes, réserve............. (Se rend à Strasbourg.)	301	»	»	301	»
	4.......	Villers-Cotterets, 1re division militaire.	188	»	23	211	136
19..	1, 2.....	Armée des côtes, réserve............. (Se rendent à Spire.)	394	»	»	394	376
	3.......	Armée des côtes, réserve............. (Se rend à Strasbourg.)	246	»	»	246	»
	4.......	Landrecies, 16e division militaire......	203	3	2	208	190
20..	1, 2.....	Armée des côtes, réserve............. (Se rendent à Strasbourg.)	426	»	20	446	364
	3.......	Armée des côtes, réserve............. (Se rend à Strasbourg.)	199	»	14	213	»
	4.......	Maubeuge, 16e division militaire.......	212	3	4	219	86
21..	1, 2.....	Armée des côtes, réserve............. (Se rendent à Strasbourg.)	295	»	10	305	365
	3.......	Armée des côtes, réserve............. (Se rend à Strasbourg.)	303	»	»	303	»
	4.......	Sedan, 2e division militaire...........	137	3	1	141	52
22..	1, 2, 3, 4.	Strasbourg, 5e division militaire.......	768	2	30	800	476
23..	1, 2, 3, 4.	Royaume d'Italie, division de cavalerie légère.........................	492	32	50	574	328
24..	1, 2, 3, 4.	Royaume d'Italie, division de cavalerie légère.........................	577	3	43	623	487
25..	1, 2, 3, 4.	Strasbourg, 5e division militaire.......	677	3	9	689	455
26..	1, 2, 3, 4.	Id...........................	781	2	33	816	484
27..	1, 2, 3, 4.	Versailles, 1re division militaire........	774	»	24	798	443
28..	1, 2, 3, 4.	Lyon, le 11 fructidor, venant de Moulins, 19e division militaire..........	743	3	96	842	365
29..	1, 2, 3, 4.	Royaume d'Italie, div. de caval. légère.	608	7	49	664	511
30..	1, 2, 3, 4.	Turin, 26 fructidor, 27e division militaire, venant de Lyon..............	831	4	64	899	447

NUMÉROS des régiments.	ESCADRONS.	AFFECTATION.	PRÉSENTS.	EN RECRUTEMENT et détachés.	EMBARQUÉS.	AUX HÔPITAUX.	EFFECTIFS.	
							HOMMES.	CHEVAUX.
		CHASSEURS.						
1...	1, 2, 3...	Armée des côtes, corps de droite.	509	»	»	16	525	341
	4.......	Gand, 24e division militaire....	113	5	16	9	143	92
2...	1, 2.....	Armée des côtes, réserve......	334	»	»	2	336	341
	3.......	Id......................	155	»	»	39	194	»
	4.......	Tournay, 24e division militaire.	101	3	»	4	108	63
3...	1, 2, 3, 4.	Royaume d'Italie, 1re division..	502	1	»	14	517	561
4...	1, 2, 3... / 4.......	Favigliano. / Fossano... } 27e division milit.	515	18	»	44	577	520
	8e comp.	Escadre de l'île d'Aix à la Martinique..................	»	»	57	4	61	»
5...	1, 2, 3, 4.	Hanovre, division de cavalerie..	758	3	»	43	804	589
6...	1, 2, 3, 4.	Etats de Naples, 2e division....	576	2	»	52	630	606
7...	1, 2, 3...	Armée des côtes, 2e corps détaché....................	500	»	»	»	500	429
	4.......	Morlaix, 13e division militaire..	98	»	»	32	130	»
8...	1, 2, 3...	Armée des côtes, 1er corps détaché....................	609	»	»	16	625	376
	4.......	Deventer, Batavie...........	169	»	»	1	170	114
9...	1, 2, 3, 4.	Etats de Naples, division de cavalerie.................	585	4	»	42	631	512
10..	1, 2, 3...	Armée des côtes, corps de gauche.	471	»	»	20	491	397
	4.......	Provins, 1re division militaire..	142	1	»	31	174	177
11..	1, 2, 3...	Armée des côtes, corps du centre.	510	»	»	»	516	332
	4.......	Valenciennes, 16e division militaire...................	219	3	»	12	234	149
12..	1, 2.....	Armée des côtes, réserve......	341	»	»	»	341	343
	3.......	Id......................	162	»	»	»	162	»
	4.......	Ath, 24e division militaire.....	224	3	»	6	233	108
13..	1, 2.....	Armée des côtes, réserve......	329	»	»	11	340	336
	3.......	Id......................	155	»	»	»	155	»
	4.......	Bruxelles, 24e division militaire.	148	8	»	23	179	76
14..	1, 2, 3, 4.	Royaume d'Italie, division de cavalerie légère............	505	3	»	49	557	479
15..	1, 2, 3, 4.	Royaume d'Italie, 1re division..	626	4	»	27	657	567
16..	1, 2, 3, 4.	Bayeux et côtes, 14e division militaire.................	649	3	»	48	700	571
17..	»	Licencié....................	»	»	»	»	»	»
18..	»	Licencié....................	»	»	»	»	»	»
19..	1, 2, 3, 4.	Turin, 27e division militaire....	505	6	»	42	553	465
20..	1, 2, 3, 4.	Napoléon-Ville, Saint-Brieuc et Rennes, 13e division militaire.	637	6	»	32	675	485
21..	1, 2.....	Armée des côtes, réserve......	329	»	»	14	343	345
	3.......	Id......................	154	»	»	»	154	»
	4.......	Arrière, 16e division militaire...	77	6	»	9	92	56
22..	1, 2, 3, 4.	Niort, etc., 12e division militaire.	584	6	»	48	638	507
23..	1, 2, 3, 4.	Verceil, 27e division militaire...	639	10	»	84	733	470
24..	1, 2, 3, 4.	Pignerol, 27e division militaire.	660	29	»	49	718	515
25..	1, 2, 3, 4.	Turin, le 11 vendém., 27e divis. militaire, venant de Montpellier.....................	579	15	»	69	663	555
26..	1, 2, 3, 4.	Mayence, 26e division militaire.	574	4	»	29	607	481

NUMÉROS des régiments.	ESCADRONS.	AFFECTATION.	PRÉSENTS.	EN RECRUTEMENT ou détachés.	EMBARQUÉS.	AUX HÔPITAUX.	EFFECTIFS. HOMMES.	EFFECTIFS. CHEVAUX.
		HUSSARDS.						
1...	1, 2, 3, 4.	Strasbourg, 29 fructidor, 5e div. milit. (venant de Versailles).	654	»	»	48	702	441
2...	1, 2, 3, 4.	Hanovre, division de cavalerie..	720	2	»	47	769	601
3...	1, 2, 3...	Armée des côtes, corps de gauche.	471	»	»	12	483	337
	4.......	Chartres, 1re division militaire.	219	»	»	22	241	106
4...	1.......	Hanovre, réserve...........	141	»	»	12	153	115
	2, 3, 4...	Hanovre, division de cavalerie.	596	2	»	24	622	479
5...	1, 2.....	Hanovre, 1re division........	375	»	»	10	385	236
	3, 4.....	Hanovre, division de cavalerie..	391	7	»	28	426	279
6...	1, 2, 3...	Armée des côtes, 1er corps dét.	555	»	»	12	567	384
	4.......	Zutphen, Batavie............	204	2	»	23	229	92
7...	1, 2, 3...	Armée des côtes, corps de droite.	504	»	»	16	520	339
	4.......	Maëstricht, 35e div. militaire...	292	5	»	17	314	161
8...	1, 2, 3...	Armée des côtes, corps de droite.	492	»	»	1	493	342
	4.......	Lille, 16e division militaire.....	283	4	»	12	299	53
9...	1, 2.....	Armée des côtes, réserve......	336	»	»	7	343	316
	3.......	Id....................	169	»	»	»	169	»
	4.......	Lille, 16e division militaire.....	245	3	»	23	271	156
10..	1, 2.....	Armée des côtes, réserve......	332	»	»	10	342	352
	3.......	Id....................	151	»	»	»	151	»
	4.......	Maubeuge, 16e division militaire.	140	3	»	8	151	120

ARTILLERIE A PIED ET A CHEVAL.

1er RÉGIMENT D'ARTILLERIE A PIED.

Nos des compagnies.	AFFECTATION.	PRÉSENTS.	EN RECRUTEMENT ou détachés.	EMBARQUÉS.	AUX HÔPITAUX.	EFFECTIFS. HOMMES.	EFFECTIFS. CHEVAUX.
Etat-major....	1re division militaire..........	19	»	»	»	19	»
1...........	Armée des côtes, réserve, parc général d'artillerie..........	99	»	»	2	101	»
2...........	Armée des côtes, réserve, parc général d'artillerie..........	98	»	»	2	100	»
3...........	1re division militaire..........	39	»	»	6	45	»
4...........	Id....................	43	»	»	1	44	»
5...........	Armée des côtes, réserve, parc général d'artillerie..........	98	»	»	5	103	»
6...........	Armée des côtes, corps de gauche, 1re division...........	93	»	»	8	101	»
7...........	1re division militaire..........	43	»	»	2	45	»
8...........	Id....................	47	»	»	»	47	»
9...........	Armée des côtes, corps de gauche, 2e division...........	99	»	»	2	101	»
10..........	Armée des côtes, corps de gauche, 3e division...........	98	»	»	2	100	»
11 { 1/2.....	Armée des côtes, corps de gauche, réserve d'artillerie......	49	»	»	2	51	»
11 { 1/2.....	Armée des côtes, corps de gauche, parc d'artillerie........	49	»	»	2	51	»
12..........	Armée des côtes, 1re aile de débarquement.............	97	»	»	»	97	»

NUMÉROS des compagnies.	AFFECTATION.	PRÉSENTS.	EN RECRUTEMENT et détachés.	EMBARQUÉS.	AUX HÔPITAUX.	EFFECTIFS. HOMMES.	EFFECTIFS. CHEVAUX.
13........	Armée des côtes, réserve, parc général d'artillerie..............	98	»	»	1	99	»
14........	Armée des côtes, réserve, parc général d'artillerie..............	97	»	»	2	99	»
15........	1re division militaire............	44	»	»	2	46	»
16........	Id..........................	40	»	»	5	45	»
17........	Id..........................	45	»	»	3	48	»
18........	Id..........................	45	»	»	2	47	»
19........	Id..........................	40	»	»	6	46	»
20........	Id..........................	43	»	»	»	47	»
21........	Id..........................	»	»	»	4	»	»
22........	Id..........................	»	»	»	»	»	»
Dépôts....	Id..........................	8	»	»	»	8	»
	2e RÉGIMENT D'ARTILLERIE A PIED.						
Etat-major.	Royaume d'Italie................	29	»	»	»	29	»
1.........	Id..........................	62	»	»	4	66	»
2.........	Etats de Naples...............	48	»	»	9	57	»
3.........	Id..........................	62	»	»	»	62	»
4.........	Royaume d'Italie...............	29	»	»	»	29	»
5.........	Etats de Naples................	47	»	»	6	53	»
6.........	Id..........................	57	»	»	»	57	»
7.........	Id..........................	53	»	»	2	55	»
8.........	Royaume d'Italie..............	56	»	»	5	61	»
9.........	Id..........................	67	»	»	1	68	»
10........	Id..........................	56	»	»	9	65	»
11........	Id..........................	59	»	»	5	64	»
12........	Etrurie..........................	56	»	»	4	60	»
13........	Royaume d'Italie..............	56	»	»	5	61	»
14........	Id..........................	59	»	»	8	67	»
15........	Id..........................	58	»	»	8	66	»
16........	Id..........................	61	»	»	7	68	»
17........	Id..........................	60	»	»	8	68	»
18........	Id..........................	59	»	»	5	64	»
19........	Id..........................	55	»	»	8	63	»
20........	Id..........................	52	»	»	9	61	»
21........	»	»	»	»	»	»	»
22........	»	»	»	»	»	»	»
	3e RÉGIMENT D'ARTILLERIE A PIED.						
Etat-major.	»	»	»	»	»	»	»
1.........	12e division militaire............	57	1	»	3	61	»
2.........	Escadre de Brest...............	»	»	99	»	99	»
3.........	Id..........................	»	»	99	»	99	»
4.........	Armée des côtes, 2e corps détaché, 1re division..................	65	»	»	2	67	»
5.........	Armée des côtes, 2e corps détaché, 1re division..................	70	»	»	2	72	»
6.........	13e division militaire............	96	»	»	11	107	»
7.........	10e id.	18	»	»	3	51	»
8.........	10e id.	49	»	»	4	53	»
9.........	10e id.	49	»	»	4	53	»
10........	10e id.	49	»	»	4	53	»

NUMÉROS des compagnies.	AFFECTATION.	PRÉSENTS.	EN RECRUTEMENT et détachés.	EMBARQUÉS.	AUX HÔPITAUX.	EFFECTIFS. HOMMES.	CHEVAUX.
11........	11e division militaire.............	49	»	»	4	53	»
12........	9e id.	51	2	»	5	58	»
13........	10e id.	43	2	»	»	45	»
14........	10e id.	49	4	»	»	53	»
15........	Armée des côtes, 2e corps détaché, 2e division...................	60	5	»	»	65	»
16........	A la Guadeloupe...............	»	»	84	13	97	»
17........	A la Martinique...............	»	»	97	»	97	»
18........	12e division militaire............	68	2	5	5	75	»
19........	10e id.	49	»	3	3	52	»
20........	12e id.	67	1	5	5	73	»
21........	»	»	»	»	»	»	»
22........	10e division militaire............	49	»	3	3	52	»
1/2 compag.	12e division milit., venant de la 10e.	30	»	»	»	30	»
	4e RÉGIMENT D'ARTILLERIE A PIED.						
Etat-major.	7e division militaire..............	7	»	»	»	7	»
1.........	Etrurie...........................	75	»	»	7	82	»
2.........	23e division militaire, île d'Elbe...	131	2	»	8	141	»
3.........	Id.......................	40	»	»	2	42	»
4.........	7e division militaire..............	50	»	»	1	51	»
5.........	Escadre de Toulon..............	»	»	132	»	132	»
6......... 7......... 8.........	28e division militaire............	240	»	»	»	240	»
9.........	23e id.	77	1	»	3	81	»
10.........	7e id.	47	»	»	6	53	»
11.........	7e id.	47	»	»	6	53	»
12.........	7e id.	47	»	»	6	53	»
13.........	7e id.	47	»	»	6	53	»
14.........	7e id.	47	»	»	6	53	»
15.........	7e id.	47	»	»	6	53	»
16.........	7e id.	47	»	»	6	53	»
17.........	8e id.	51	1	»	»	52	»
18.........	8e id.	44	»	»	1	45	»
19.........	7e id.	47	»	»	6	53	»
20.........	7e id.	47	»	»	6	53	»
21.........	»	»	»	»	»	»	»
22.........	7e id.	47	»	»	6	53	»
	5e RÉGIMENT D'ARTILLERIE A PIED.						
Etat-major.	16e division militaire.............	19	»	»	»	19	»
1.........	Armée des côtes, réserve, parc général d'artillerie..............	100	»	»	»	100	»
2.........	16e division militaire............	45	»	»	2	47	»
3.........	16e id.	48	»	»	»	48	»
4.........	16e id.	46	1	»	2	49	»
5.........	16e id.	47	»	»	1	48	»
6.........	16e id.	46	»	»	2	48	»
7.........	16e id.	45	1	»	2	48	»
8.........	16e id.	46	»	»	1	47	»
9.........	16e id.	44	1	»	4	49	»
10.........	16e id.	46	1	»	1	48	»

NUMÉROS des compagnies.	AFFECTATION.	PRÉSENTS.	EN RECRUTEMENT ou détachés.	EMBARQUÉS.	AUX HÔPITAUX.	EFFECTIFS. HOMMES.	EFFECTIFS. CHEVAUX.
11	16e division militaire	»	»	»	3	51	»
12	Armée des côtes, corps du centre, 1re division	94	»	»	3	97	»
13	Armée des côtes, corps du centre, 2e division	95	»	»	2	97	»
14	Armée des côtes, corps du centre, 3e division	100	»	»	»	100	»
15	Armée des côtes, corps du centre, 4e division	100	»	»	»	100	»
16	Armée des côtes, 2e aile de débarquement	98	»	»	»	98	»
17	Armée des côtes, 3e aile de débarquement	99	»	»	»	99	»
18	Armée des côtes, réserve, parc général d'artillerie	101	»	»	»	101	»
19	Armée des côtes, réserve, parc général d'artillerie	100	»	»	»	100	»
20	Armée des côtes, réserve, parc général d'artillerie	101	»	»	»	101	»
21	»	»	»	»	»	»	»
22	16e division militaire	64	»	»	1	65	»
Dépôt	»	1	»	»	»	1	»

6e RÉGIMENT D'ARTILLERIE A PIED.

NUMÉROS des compagnies.	AFFECTATION.	PRÉSENTS.	EN RECRUTEMENT ou détachés.	EMBARQUÉS.	AUX HÔPITAUX.	EFFECTIFS. HOMMES.	EFFECTIFS. CHEVAUX.
Etat-major.	13e division militaire	15	»	»	»	15	»
1	13e id.	21	»	»	2	23	»
	15e id.	18	»	»	1	19	»
2	Armée des côtes, réserve, parc général d'artillerie	91	»	»	3	94	»
3	Armée des côtes, réserve, parc général d'artillerie	91	»	»	4	95	»
4	Armée des côtes (av.-garde, 1re div. de réserve, dragons à pied)	91	»	»	»	91	»
5	Armée des côtes (av.-garde ou 3e div. de réserve, division italienne)	88	»	»	»	88	»
6	13e division militaire	49	»	»	4	53	»
7 1/2	Armée des côtes, réserve, parc d'artillerie	46	»	»	3	49	»
7 1/2	Armée des côtes, réserve, parc d'artillerie	47	»	»	2	49	»
8	Armée des côtes, avant-garde, division de grenadiers d'élite	91	»	»	3	94	»
9	12e division militaire	19	»	»	1	20	»
	13e id.	15	»	»	1	16	»
	15e id.	16	»	»	»	16	»
10	12e id.	18	»	»	»	18	»
	14e id.	61	»	»	1	62	»
11	Armée des côtes, avant-garde, division Gazan	94	»	»	5	99	»
12	13e division militaire	53	»	»	2	55	»
13	14e id.	64	1	»	1	66	»
14	Armée des côtes, 4e aile de débarquement	100	»	»	»	100	»
15	13e division militaire	51	»	»	3	54	»

NUMÉROS des compagnies.	AFFECTATION.	PRÉSENTS.	EN RECRUTEMENT ou détachés.	EMBARQUÉS.	AUX HÔPITAUX.	EFFECTIFS. HOMMES.	EFFECTIFS. CHEVAUX.
16........	»	53	»	»	2	55	»
17........	»	41	»	»	2	43	»
18........	14e division militaire.............	57	»	»	1	58	»
19........	13e id.	17	»	»	»	17	»
20........	13e id.	19	»	»	1	20	»
21........	»	»	»	»	»	»	»
22........	»	»	»	»	»	»	»
Dépôts	13e id.	22	»	»	»	22	»
	7e RÉGIMENT D'ARTILLERIE A PIED.						
État-major.	5e division militaire..............	22	»	»	»	22	»
1.........	Armée des côtes, corps de droite, 1re division..................	98	»	»	»	98	»
2.........	Armée des côtes, corps de droite, 2e division..................	101	»	»	»	101	»
3.........	Armée des côtes, corps de droite, 3e division..................	94	»	»	1	95	»
4.........	Armée des côtes, corps de droite, parc général d'artillerie........	95	»	»	»	95	»
5.........	3e division militaire.............	53	»	»	5	58	»
6.........	Armée des côtes, corps de droite, parc d'artillerie..............	95	»	»	»	95	»
7.........	3e division militaire.............	53	»	»	5	58	»
8.........	5e id.	50	»	»	6	56	»
9.........	5e id.	53	»	»	2	55	»
10........	3e id.	45	»	»	6	51	»
11........	5e id.	52	»	»	6	58	»
12........	»	57	»	»	»	62	»
13........	»	53	»	»	»	57	»
14........	Armée des côtes, corps de droite.	47	»	»	»	47	»
1/2 compag.	Armée des côtes, corps de droite, parc d'artillerie..............	47	»	»	»	47	»
15........	Armée des côtes, 5e aile de débarquement, parc général d'artillerie..........................	94	»	»	»	94	»
16........	»	100	»	»	»	100	»
17........	»	98	»	»	»	98	»
18........	»	98	»	»	»	98	»
19........	5e division militaire.............	52	»	»	5	57	»
20........	»	53	»	»	4	57	»
21........	»	»	»	»	»	»	»
22........	5e division militaire..............	50	»	»	2	52	»
Dépôt.....	»	32	»	»	1	33	»
	8e RÉGIMENT D'ARTILLERIE A PIED.						
État-major.	16e division militaire............	24	»	»	»	24	»
1.........	Hanovre..........................	76	»	»	4	80	»
2.........	»	72	»	»	4	76	»
3.........	Armée des côtes, 1er corps détaché.	79	»	»	12	91	»
4.........	»	90	»	»	1	91	»
5.........	Hanovre..........................	78	»	»	2	80	»
6.........	»	80	»	»	2	82	»

NUMÉROS des compagnies.	AFFECTATION.	PRÉSENTS.	EN RECRUTEMENT ou détachés.	EMBARQUÉS.	AUX HÔPITAUX.	EFFECTIFS.	
						HOMMES.	CHEVAUX.
7	Armée des côtes, 1er corps détaché.	82	»	»	7	89	»
8	Armée des côtes, corps de droite, parc d'artillerie	95	»	»	»	95	»
9	Armée des côtes, 1er corps détaché.	91	»	»	»	91	»
10	Armée des côtes, réserve, parc général d'artillerie	97	»	»	»	99	»
11	16e division militaire	39	»	»	1	41	»
12	»	34	»	»	3	38	»
13	»	34	»	»	4	39	»
14	»	37	»	»	3	41	»
15	»	37	»	»	2	40	»
16	»	35	»	»	2	38	»
17	»	34	»	»	4	39	»
18	Hanovre	78	»	»	4	82	»
19	16e division militaire	34	»	»	4	38	»
20	Hanovre	76	»	»	4	80	»
21	»	»	»	»	»	»	»
22	16 division militaire	34	»	»	2	38	»
Dépôt	»	2	»	»	»	2	»
	1er RÉGIMENT D'ARTILLERIE A CHEVAL.						
État-major	»	17	»	»	»	17	20
1	Royaume d'Italie	62	»	»	4	66	37
2	Etats de Naples	60	»	»	3	63	37
3	Royaume d'Italie	59	»	»	4	63	37
4	Id.	59	»	»	4	63	36
5	Id.	56	»	»	5	61	36
6	Id.	58	»	»	3	61	35
	2e RÉGIMENT D'ARTILLERIE A CHEVAL.						
État-major.	7e division militaire	9	»	»	»	9	»
1	Armée des côtes, réserve d'artillerie	99	»	»	2	101	»
2	»	89	»	»	»	89	»
3	Armée des côtes, réserve, 1re division de dragons	79	»	»	1	80	»
4	Armée des côtes, réserve, 2e division de dragons	88	»	»	1	89	»
5	7e division militaire	25	27	»	7	50	9
6	7e id.	25	27	»	7	59	10
	3e RÉGIMENT D'ARTILLERIE A CHEVAL.						
État-major.	5e division militaire	8	»	1	9	10	»
1	Hanovre	89	»	1	90	83	»
2	»	91	»	3	94	104	»
3	»	95	»	2	97	81	»
4	»	90	»	2	92	85	»
5	5e division militaire	63	»	2	65	33	»
6	»	58	»	4	62	30	»

NUMÉROS des compagnies.	AFFECTATION.	PRÉSENTS.	EN RECRUTEMENT et détachés.	EMBARQUÉS.	AUX HÔPITAUX.	EFFECTIFS. HOMMES.	EFFECTIFS. CHEVAUX.
	4e RÉGIMENT D'ARTILLERIE A CHEVAL.						
État-major.	27e division militaire	8	»	»	»	8	8
1	Armée des côtes, réserve, division de cavalerie légère	83	»	»	2	85	»
2. 1/2	Armée des côtes, parc d'artillerie	42	»	»	2	44	»
2. 1/2	Armée des côtes, parc général d'artillerie	42	»	»	2	44	»
3	27e division militaire	56	»	»	6	62	52
4	27e id.	56	»	»	6	62	52
5	27e id.	56	»	»	5	61	52
6	27e id.	56	»	»	5	61	52
	5e RÉGIMENT D'ARTILLERIE A CHEVAL.						
État-major.	6e division militaire	7	»	»	»	7	»
1	Armée des côtes, corps de droite, réserve d'artillerie	91	»	»	»	91	»
2	Armée des côtes, avant-garde, division de grenadiers d'élite	86	»	»	1	87	»
3	Armée des côtes, corps de droite, réserve d'artillerie	»	»	»	»	»	»
4	Armée des côtes, corps du centre, réserve d'artillerie	90	»	»	5	95	»
5	6e division militaire	35	»	»	6	41	8
6	Id	35	»	»	5	40	8
	6e RÉGIMENT D'ARTILLERIE A CHEVAL.						
État-major.	15e division militaire	14	»	»	1	14	12
État-major.	Id	42	»	»	3	43	70
1	1re division militaire	6	»	»	3	9	33
2	Id	26	»	»	3	29	34
3	Armée des côtes, réserve, parc général d'artillerie	105	»	»	»	105	»
4	Armée des côtes, réserve, parc général d'artillerie	102	»	»	»	102	»
5	Armée des côtes, 2e corps détaché	94	»	»	5	99	37
6	1re division militaire	30	»	»	1	31	33
Détachemt.	»	7	»	»	»	7	»
	1er BATAILLON PRINCIPAL DU TRAIN.						
1	Armée des côtes, corps de droite, 1re division	77	»	»	»	77	108
2	Armée des côtes, corps de droite, 1re division	75	»	»	»	75	104
3	Armée des côtes, corps de droite, 2e division	77	»	»	»	77	111
4	Armée des côtes, corps de droite, 2e division	78	»	»	»	78	105
5	Armée des côtes, corps de droite, 3e division	68	»	»	»	68	105
6	Armée des côtes, réserve, parc général d'artillerie	197	»	»	»	197	37

NUMÉROS des compagnies.	AFFECTATION.	PRÉSENTS.	EN RECRUTEMENT et détachés.	EMBARQUÉS.	AUX HÔPITAUX.	EFFECTIFS. HOMMES.	CHEVAUX.
	2e BATAILLON PRINCIPAL DU TRAIN.						
État-major.	Hanovre	445	»	»	20	465	428
	3e BATAILLON PRINCIPAL DU TRAIN.						
1	Armée des côtes, corps du centre, 1re division	80	»	»	»	80	100
2	Armée des côtes, corps du centre, 1re division	80	»	»	»	80	100
3	Armée des côtes, corps du centre, 2e division	80	»	»	»	80	100
4	Armée des côtes, corps du centre, 2e division	80	»	»	»	80	100
5	Armée des côtes, corps du centre, 3e division	80	»	»	»	80	100
6	Armée des côtes, réserve, parc général de l'artillerie	121	»	»	»	121	56
	4e BATAILLON PRINCIPAL DU TRAIN.						
État-major.	27e division militaire	484	»	»	27	511	534
	5e BATAILLON PRINCIPAL DU TRAIN.						
1	Armée des côtes, corps de gauche, 1re division	74	»	»	»	74	107
2	Armée des côtes, corps de gauche, 1re division	69	»	»	»	69	102
3	Armée des côtes, corps de gauche, 2e division	70	»	»	»	70	102
4	Armée des côtes, corps de gauche, 2e division	68	»	»	»	68	102
5	Armée des côtes, corps de gauche, 3e division	70	»	»	»	70	102
6	Armée des côtes, 1re aile de débarquement	199	»	»	»	199	138
	6e BATAILLON PRINCIPAL DU TRAIN.						
1	États de Naples	102	»	»	3	105	87
2	Id	95	»	»	4	99	138
3	Id	94	»	»	3	97	113
4	Id	96	»	»	1	97	83
5	Id	83	»	»	8	91	121
6	Id	92	»	»	1	93	137
	7e BATAILLON PRINCIPAL DU TRAIN.						
1	10e division militaire	74	8	»	5	87	8
2	Id	74	9	»	5	88	8
3	Id	74	9	»	5	88	8
4	Id	74	9	»	5	88	8
»	A la Guadeloupe et à la Martinique	»	»	47	»	47	»
5	10e division militaire	74	9	»	4	87	7
5	Id	74	9	»	4	87	7

NUMÉROS des compagnies.	AFFECTATION.	PRÉSENTS.	EN RECRUTEMENT et détachés.	EMBARQUÉS.	AUX HÔPITAUX.	EFFECTIFS.	
						HOMMES.	CHEVAUX.
	8e BATAILLON PRINCIPAL DU TRAIN.						
État-major.	13e division militaire.	12	»	»	»	12	6
1.	Armée des côtes, 2e corps détaché.	109	»	»	4	113	108
2.	13e division militaire.	88	»	»	4	92	93
3.	Armée des côtes, 2e corps détaché.	111	»	»	3	114	109
4.	13e division militaire.	62	9	»	8	79	106
5.	12e id.	57	»	»	3	60	97
	13e id.	28	»	»	2	30	52
6.	13e id.	72	1	»	5	78	127
	1er BATAILLON *bis* DU TRAIN.						
1.	Armée des côtes, corps du centre, 3e division.	80	»	»	»	80	100
2.	Armée des côtes, corps du centre, 4e division.	78	»	»	1	79	100
3.	Armée des côtes, corps du centre, 4e division.	80	»	»	»	80	100
4.	Armée des côtes, corps du centre, parc d'artillerie.	78	»	»	1	79	100
5.	Armée des côtes, réserve, parc général d'artillerie.	81	»	»	4	85	97
6.	Armée des côtes, réserve, parc général d'artillerie.	83	»	»	3	86	67
	2e BATAILLON *bis* DU TRAIN.						
1.	Armée des côtes, corps du centre, parc d'artillerie.	80	»	»	»	80	100
2.	Armée des côtes, corps du centre, parc d'artillerie.	80	»	»	»	80	100
3.	Armée des côtes, réserve.	70	»	»	»	70	100
4.	Armée des côtes, corps de gauche.	80	»	»	»	80	102
5.	Armée des côtes, réserve.	70	»	»	»	70	100
6.	Armée des côtes, réserve, parc général d'artillerie.	129	»	»	»	129	62
	3e BATAILLON *bis* DU TRAIN.						
1.	Armée des côtes, corps de droite, 3e division.	70	»	»	»	70	100
2.	Armée des côtes, corps du centre, parc d'artillerie.	83	»	»	6	89	107
3.	Armée des côtes, corps du centre, parc d'artillerie.	79	»	»	5	84	94
4.	Armée des côtes, corps de gauche, 3e division.	70	»	»	»	70	102
5.	Armée des côtes, corps de gauche, parc général d'artillerie.	66	»	»	»	66	101
6.	Armée des côtes, réserve, parc général d'artillerie.	130	»	»	»	130	70

NUMÉROS des compagnies.	AFFECTATION.	PRÉSENTS.	EN RECRUTEMENT et détachés.	EMBARQUÉS.	AUX HÔPITAUX.	EFFECTIFS. HOMMES.	EFFECTIFS. CHEVAUX.
	4e BATAILLON *bis* DU TRAIN.						
État-major.	27e division militaire	430	»	»	30	460	662
	5e BATAILLON *bis* DU TRAIN.						
1	Armée des côtes, avant-garde, division de grenadiers d'élite	70	»	»	»	70	100
2	Armée des côtes, avant-garde, division Gazan	70	»	»	»	70	100
3. 1/2	Armée des côtes, avant-garde, division de grenadiers d'élite	35	»	»	»	35	50
3. 1/2	Armée des côtes, avant-garde, division Gazan	35	»	»	»	35	50
4	Armée des côtes, avant-garde et division de réserve (dragons à pied).	70	»	»	»	70	100
5	Armée des côtes, avant-garde et division de réserve (dragons à pied).	70	»	»	»	70	100
6	Armée des côtes, réserve, parc général d'artillerie	150	»	»	»	150	91
	6e BATAILLON *bis* DU TRAIN.						
État-major.	Royaume d'Italie	12	»	»	»	12	9
1	Id	78	»	»	5	83	109
2	Id	75	»	»	4	79	122
3	Id	81	»	»	6	87	123
4	Id	74	»	»	6	80	127
5	Id	73	»	»	6	79	123
6	Id	78	»	»	4	82	124
	7e BATAILLON *bis* DU TRAIN.						
1	Armée des côtes, 1er corps détaché.	102	»	»	4	106	151
2	Id	93	»	»	2	95	145
3	Id	76	»	»	3	79	100
4	Id	72	»	»	3	75	131
5	Id	71	»	»	4	75	»
6	Id	83	»	»	2	85	96
Ouvriers	Id	19	»	»	»	19	»
	8e BATAILLON *bis* DU TRAIN.						
1	Armée des côtes, réserve, division de cavalerie légère	70	»	»	»	70	100
2	Armée des côtes, réserve, parc général d'artillerie	70	»	»	»	70	100
3	Armée des côtes, réserve, parc général d'artillerie	70	»	»	»	70	100
4	Armée des côtes, réserve, parc général d'artillerie	70	»	»	»	70	100
5	Armée des côtes, réserve, parc général d'artillerie	70	»	»	»	70	100
6	Armée des côtes, réserve, parc général d'artillerie	177	»	»	»	177	»

NUMÉROS des compagnies.	AFFECTATION.	PRÉSENTS.	EN RECRUTEMENT ou détachés.	EMBARQUÉS.	AUX HÔPITAUX.	EFFECTIFS. HOMMES.	CHEVAUX.
	1er BATAILLON DE PONTONNIERS.						
1.........	Hanovre......................	48	»	»	5	53	»
2.........	Armée des côtes, corps de gauche, parc d'artillerie..............	44	»	»	3	47	»
	Armée des côtes, réserve, parc général d'artillerie..............	44	»	»	3	47	»
3.........	Armée des côtes, corps du centre, parc d'artillerie..............	86	»	»	5	91	»
4. 1/2...	Armée des côtes, réserve, parc d'artillerie......................	51	»	»	1	52	»
4. 1/2...	Armée des côtes, réserve, parc général d'artillerie..............	51	»	»	1	52	»
5. 1/2...	Armée des côtes, réserve, parc d'artillerie......................	47	»	»	»	47	»
5. 1/2...	Armée des côtes, réserve, parc général d'artillerie..............	47	»	»	»	47	»
6.........	5e division militaire............	57	»	»	1	58	»
7. 1/2...	Armée des côtes, corps de droite, parc d'artillerie..............	43	»	»	»	43	»
7. 1/2...	Armée des côtes, réserve, parc général d'artillerie..............	43	»	»	»	43	»
8.........	5e division militaire............	34	»	»	»	34	»
	26e division militaire...........	23	»	»	1	24	»
	Pontonniers auxiliaires, Hanovre..	49	»	»	»	49	»
	2e BATAILLON DE PONTONNIERS.						
État-major.	Royaume d'Italie...............	9	»	»	»	9	»
1.........	Id.	60	»	»	4	64	»
2.........	Id.	57	»	»	2	59	»
3.........	Id.	53	»	»	3	56	»
4.........	Id.	60	»	»	»	60	»
5.........	Id.	55	»	»	6	61	»
6.........	Id.	57	»	»	5	62	»
7.........	Id.	59	»	»	2	61	»
8.........	Id.	51	»	»	1	52	»
Détachés ..	Id.	47	»	»	1	48	»
	OUVRIERS D'ARTILLERIE.						
1.........	1re escouade, Armée des côtes, 1re aile de débarquement.......	26	»	»	»	26	»
1/2 comp..	Armée des côtes, corps de gauche, parc d'artillerie..............	36	»	»	3	39	»
1/2 comp..	Armée des côtes, réserve, parc général d'artillerie..............	36	»	»	3	39	»
2.........	12e division militaire............	60	2	»	1	63	»
	A la Guadeloupe et à la Martinique.	»	»	41	6	47	»
3.........	27e division militaire...........	68	»	»	6	74	»
	Escadre de Toulon..............	»	»	53	»	53	»
4.........	1re escouade, Armée des côtes, 2e aile de débarquement........	26	»	»	»	26	»

NUMÉROS des compagnies.	AFFECTATION.	PRÉSENTS.	EN RECRUTEMENT ou détachés.	EMBARQUÉS.	AUX HÔPITAUX.	EFFECTIFS. HOMMES.	EFFECTIFS. CHEVAUX.
4.........	1re escouade, Armée des côtes, 3e aile de débarquement.......	26	»	»	3	26	»
	1/2 compagnie, Armée des côtes, corps de centre, parc d'artillerie.	23	»	»	1	26	»
	1/2 compagnie, Armée des côtes, réserve, parc général d'artillerie.	36	»	»	6	37	»
5.........	5e division militaire..............	59	1	»	6	66	»
6. 1/2...	13e division militaire............	40	»	»	3	43	»
1/2...	Armée des côtes, 2e corps détaché.	68	»	»	5	73	»
7.........	1re escouade, Armée des côtes, 5e aile de débarquement........	26	»	»	»	26	»
	Armée des côtes, corps de droite, parc d'artillerie.............	32	»	»	»	32	»
	Armée des côtes, réserve, parc général d'artillerie..............	32	»	»	»	32	»
8...	Armée des côtes, 1er corps détaché.	44	»	»	1	45	»
	Hanovre..........................	41	»	»	2	43	»
9.........	10e division militaire...........	61	2	»	1	64	»
	23e Id. (Corse).......	42	»	»	3	15	»
	23e Id. (Elbe).......	10	7	»	»	17	»
10........	Royaume d'Italie................	29	»	»	2	31	»
	Etats de Naples................	15	»	»	»	15	»
11........	Armée des côtes, 1re escouade, 4e aile de débarquement..........	26	»	»	»	26	»
1/2 comp..	Armée des côtes, réserve, parc d'art.	37	»	»	1	38	»
1/2 comp..	Armée des côtes, réserve, parc général d'artillerie	37	»	»	1	38	»
12. 1/2..	1re division militaire............	56	»	»	»	56	»
1/2..	16e id.	48	»	»	»	48	»
13........	28e id.	65	»	»	3	68	»
14........	Armée des côtes, réserve, parc d'artillerie......................	109	»	»	»	109	»
15........	27e division militaire............	93	»	»	4	97	»
	Ouvriers du parc d'artillerie	2	»	»	»	2	»
	Ouvriers du train, 1re compagnie..	»	»	»	»	»	»
	Armée des côtes, corps de gauche, parc d'artillerie...............	11	»	»	»	11	»
	Armée des côtes, réserve, parc général d'artillerie..............	51	»	»	»	51	»
	Armuriers, 1re compagnie........	»	»	»	»	»	»
	Armée des côtes, corps de droite, réserve d'artillerie.............	9	»	»	»	9	»
	Armée des côtes, corps de droite, parc d'artillerie...............	11	»	»	»	11	»
	Armée des côtes, corps du centre, réserve d'artillerie............	12	»	»	»	12	»
	Armée des côtes, corps du centre, parc d'artillerie.............	12	»	»	»	12	»
	Armée des côtes, corps de gauche, réserve d'artillerie............	9	»	»	»	9	»
	Armée des côtes, corps de gauche, parc d'artillerie..............	11	»	»	»	11	»
	Armée des côtes, corps de gauche, parc général d'artillerie.........	21	»	»	»	21	»
	Escouade d'ouvriers, Hanovre.....	18	»	»	»	18	»

NUMÉROS des compagnies.	AFFECTATION.	PRÉSENTS.	EN RECRUTEMENT et détachés.	EMBARQUÉS.	AUX HÔPITAUX.	EFFECTIFS. HOMMES.	EFFECTIFS. CHEVAUX.
	CANONNIERS GARDE-CÔTES.						
1 à 7.....	16e division militaire............	729	»	»	4	733	»
8 à 15, plus la 8 *bis*.	15e id.	943	»	»	20	963	»
16 à 27...	14e id, ...	1,424	»	»	»	1,424	»
28 à 55...	13e id.	3,164	»	»	44	3,208	»
»	Armée des côtes, 2e corps détaché, 2e division..................	20	»	»	»	20	»
56 à 72...	12e division militaire............	1,999	»	»	»	1,999	»
»	Gardes des batteries, 12e div. mil.	53	»	»	»	53	»
74 à 76...	10e division militaire............	354	»	»	»	354	»
77 et 78...	9e id.	213	»	»	8	221	»
79 à 97...	8e id.	1,568	»	»	94	1,662	»
98 à 100..	23e division militaire, Corse.......	357	»	»	3	360	»
	CANONNIERS SÉDENTAIRES.						
1 à 12....	13e division militaire............	778	»	»	1	779	»
13 à 24...	12e id.	1,226	»	»	»	1,226	»
»	2 compag. franches de l'île d'Yeu, 12e division militaire...........	109	»	»	»	109	»
25 à 28...	23e division militaire............	121	»	»	»	121	»
	23e id.	120	»	»	»	120	»
	1er BATAILLON DE SAPEURS.						
État-major.	27e division militaire............	9	»	»	»	9	»
1.........	23e id. Elbe.........	57	1	»	1	59	»
	23e id. Elbe.........	30	»	»	1	31	»
2.........	27e id.	67	»	»	5	72	»
3.........	27e id.	67	»	»	4	71	»
4.........	27e id.	67	»	»	4	71	»
5.........	27e id.	67	»	»	4	71	»
6.........	27e id.	68	»	»	4	71	»
7.........	27e id.	68	»	»	4	72	»
8.........	27e id.	68	»	»	4	72	»
9.........	27e id.	68	»	»	4	72	»
	2e BATAILLON DE SAPEURS.						
1.........	Armée des côtes, avant-garde, état major..................	90	»	»	5	95	»
2.........	Armée des côtes, division de grenadiers d'élite..................	77	»	»	4	81	»
3. 1/2....	Armée des côtes, avant-garde, division Gazan..................	39	»	»	4	43	»
3. 1/2....	Armée des côtes, av.-garde, ét.-maj.	38	»	»	4	42	»
4.........	Id.....................	78	»	»	10	88	»
5.........	Armée des côtes, av.-garde, 1re div. de réserve, dragons à pied......	69	»	»	»	69	»
6.........	Armée des côtes, corps de droite, état-major..................	83	»	»	7	90	»

NUMÉROS des compagnies.	AFFECTATION.	PRÉSENTS.	EN RECRUTEMENT et détachés.	EMBARQUÉS.	AUX HÔPITAUX.	EFFECTIFS. HOMMES.	EFFECTIFS. CHEVAUX.
7. 1/2....	Armée des côtes, corps de droite, 1re division	37	»	»	6	43	»
7. 1/2....	Armée des côtes, corps de droite, état-major	36	»	»	6	42	»
8........	Armée des côtes, 5e aile de débarq.	82	»	»	»	82	»
9........	Armée des côtes, corps du centre, état-major	79	»	»	9	88	»
	3e BATAILLON DE SAPEURS.						
État-major.	27e division militaire	513	»	»	22	535	»
1........	27e id.	»	»	»	»	»	»
2........	27e id.	»	»	»	»	»	»
3........	27e id.	»	»	»	»	»	»
4........	27e id.	»	»	»	»	»	»
5........	27e id.	»	»	»	»	»	»
6........	27e id.	»	»	»	»	»	»
7........	Etats de Naples	58	»	»	10	68	»
8........	27e division militaire	»	»	»	»	»	»
9........	27e id.	»	»	»	»	»	»
	4e BATAILLON DE SAPEURS.						
État-major et dépôt.	25e division militaire	49	»	»	6	55	»
1........	»	»	»	»	»	»	»
2. 1/2...	Armée des côtes, 2e corps détaché, 1re division	44	»	»	2	46	»
2. 1/2...	Armée des côtes, 2e corps détaché, 1re division	44	»	»	1	45	»
»	Escadre de Brest	»	»	6	»	6	»
3........	13e division militaire	89	»	»	5	94	»
4........	Armée des côtes, 2e corps détaché, 2e division	87	»	»	2	89	»
»	Escadre de Brest	»	»	6	»	6	»
5........	14e division militaire	91	1	»	4	96	»
6........	Armée des côtes, état-major général	101	»	»	»	101	»
7........	Id. 1er corps détaché	94	»	»	4	98	»
8........	3e division militaire	40	»	»	5	45	»
9........	16e id.	66	»	»	»	66	»
	5e BATAILLON DE SAPEURS.						
1........	Armée des côtes, corps du centre, état-major	94	»	»	4	98	»
2........	Armée des côtes, corps du centre, état-major	94	»	»	4	98	»
3. 1/2...	Armée des côtes, corps du centre, 1re division	48	»	»	1	49	»
3. 1/2...	Armée des côtes, corps du centre, 2e division	47	»	»	1	48	»
4. 1/2...	Armée des côtes, corps du centre, 3e division	48	»	»	1	49	»
4. 1/2...	Armée des côtes, corps du centre, 4e division	47	»	»	1	48	»

NUMÉROS des compagnies.	AFFECTATION.	PRÉSENTS.	EN RECRUTEMENT et détachés.	EMBARQUÉS.	AUX HÔPITAUX.	EFFECTIFS.	
						HOMMES.	CHEVAUX.
5	Armée des côtes, corps du centre, état-major	94	»	»	3	97	»
6	Armée des côtes, 1re aile de débarquement	97	»	»	»	97	»
7. 1/2	Armée des côtes, 1re aile de débarquement, 2e division	48	»	»	1	49	»
7. 1/2	Armée des côtes, 1re aile de débarquement, 3e division	48	»	»	»	48	»
8	Armée des côtes, réserve, division de cavalerie légère	94	»	»	2	96	»
9. 1/2	Armée des côtes, réserve, 1re division de dragons	44	»	»	3	47	»
9. 1/2	Armée des côtes, réserve, 2e division de dragons	44	»	»	2	46	»
	MINEURS.						
1	Royaume d'Italie	30	»	»	1	31	»
2	3e division militaire	71	1	»	5	77	»
3	3e id.	85	»	»	2	87	»
	26e id.	20	»	»	»	20	»
4	23e id. Elbe	15	»	»	»	15	»
	Armée des côtes, 1er corps détaché	72	»	»	2	74	»
5	Armée des côtes, avant-garde, état-major	84	»	»	9	93	»
6	Armée des côtes, corps du centre, état-major	100	»	»	»	100	»
7	Armée des côtes, 2e corps détaché, 1re et 2e divisions	87	»	»	4	91	»
8	Armée des côtes, corps de droite, état-major	91	»	»	8	99	»
9	Armée des côtes, corps de gauche, état-major	98	»	»	2	100	»
	VÉTÉRANS.						
Demi-brigades.							
1	1er et 2e bataillons, 1re divis. milit.	685	»	»	18	703	»
	3e bataillon, 12e division militaire.	264	»	»	43	307	»
2	1er bataillon, 6e division militaire.	447	»	»	24	471	»
	2e bataillon. 1re comp., 28e div. mil.	31	8	»	11	50	»
	2e bataillon. 2e, 3e, 4e, 5e et 6e comp., 27e div. mil.	197	»	»	74	271	»
	3e bataillon. 1re comp., 28e div. mil.	32	»	»	3	35	»
	3e bataillon. 2e, 3e, 4e, 5e et 6e comp., 8e div. mil.	262	10	»	65	337	»
3	1er bataillon détaché, 22e div. mil.	16	»	»	»	16	»
	1er bataillon le bat., 12e div. mil.	396	»	»	35	431	»
	2e bataillon, 13e division militaire.	427	5	»	11	443	»
	3e id. 12e id.	355	»	»	34	389	»
4	1er, 2e et 3e bataillons, 1re division militaire	1,242	»	»	26	1,268	»
5	1er bataillon, 7e division militaire.	483	2	»	31	516	»
	2e bataillon. 1re, 2e, 3e, 4e, 5e et 6e comp., 8e div. m.	340	24	»	28	392	»
	2e bataillon. 2e comp., 28e div. m.	70	»	»	»	70	»

NUMÉROS des demi-brigades.	AFFECTATION.	PRÉSENTS.	EN RECRUTEMENT et détachés.	EMBARQUÉS.	AUX HÔPITAUX.	EFFECTIFS.	
						HOMMES.	CHEVAUX.
5........	3e bataillon. 1re, 2e, 3e, 4e, 5e et 6e comp., 7e div. m.	226	1	»	35	262	»
	3e bataillon. 4e comp., 28e div. m.	50	»	»	»	50	»
	4e bataillon. 1re et 3e comp., 7e division militaire....	140	1	»	5	146	»
	4e bataillon. 2e, 4e, 5e et 6e comp., 27e division milit.	315	»	»	6	321	»
»	Camp de vétérans, 1re compagnie, 27e division militaire..........	162	»	»	5	167	»
»	Invalides et piémontais, 1re compagnie, 27e division militaire.....	119	»	»	1	120	»
6........	1er bataillon, 2e division militaire.	362	»	»	19	381	»
	2e id. 24e id.	229	3	»	23	255	»
	3e id. 25e id.	175	4	»	8	187	»
7........	1er id. 10e id.	340	»	»	50	390	»
	2e id. 11e id.	282	6	»	38	326	»
	4e id. 9e id.	331	13	»	99	443.	»
8........	1er id. 16e id.	379	1	»	8	388	»
	2e id. 15e id.	393	2	»	11	406	»
	3e id. 14e id.	366	1	»	26	393	»
9........	1er bataillon 1re, 2e, 4e, 5e et 6e comp., 3e div. m.	348	»	»	14	362	»
	1er bataillon 3e comp., 5e div. m.	76	1	»	3	80	»
	2e bataillon. 1re, 2e, 4e, 5e et 6e comp., 7e div. mil.	319	2	»	41	362	»
	2e bataillon. 3e comp., 28e div. mil.	60	»	»	»	60	»
	3e bataillon, 26e division militaire.	209	4	»	13	226	»
10........	1er, 2e et 3e bataillons, 1re division militaire......................	1,134	»	»	22	1,156	»
»	Vétérans génois. 1re comp., 7e div. mil.	»	»	»	»	»	»
	Vétérans génois. 2e comp., 8e div. mil.	»	»	»	»	»	»

CANONNIERS VÉTÉRANS.

Compagnies.							
1........	13e division militaire.............	36	»	»	»	36	»
2........	14e id.	43	»	»	2	45	»
3........	8e id.	54	»	»	3	57	»
4........	9e id.	64	»	»	3	67	»
5........	15e id.	46	»	»	1	47	»
6........	11e id.	59	»	»	2	61	»
7........	16e id.	47	2	»	2	51	»
8........	14e id.	40	»	»	2	42	»
9........	15e id.	58	»	»	2	60	»
10........	14e id.	57	»	»	»	57	»
11........	14e id.	45	»	»	1	46	»
12........	12e id.	44	»	»	»	44	»
13........	28e id.	38	»	»	»	38	»
14........	13e id.	25	»	»	2	27	»
15........	8e id.	44	6	»	2	52	»
16........	28e id.	33	»	»	»	33	»
17........	13e id.	42	1	»	2	45	»
18........	13e id.	»	»	»	»	»	»

NOMBRE de BRIGADES.	AFFECTATION.	PRÉSENTS.	EN RECRUTEMENT et détachés.	EMBARQUÉS.	AUX HÔPITAUX.	EFFECTIFS. HOMMES.	EFFECTIFS. CHEVAUX.

GENDARMERIE A PIED.

(15 brigades employées à la garde des prisonniers de guerre; leur force est comprise dans les divisions où elles se trouvent employées.)

NOMBRE de BRIGADES.	AFFECTATION.	PRÉSENTS.	EN RECRUTEMENT et détachés.	EMBARQUÉS.	AUX HÔPITAUX.	HOMMES.	CHEVAUX.
12	1re division militaire	66	»	»	»	66	»
6	2e id.	102	»	»	»	102	»
6	3e id.	13	»	»	»	13	»
5	4e id.	14	»	»	»	14	»
7	5e id.	33	»	»	»	33	»
8	6e id.	31	»	»	»	31	»
27	7e id.	106	»	»	»	106	»
42	8e id.	148	»	»	»	148	»
34	9e id.	159	»	»	»	159	»
27	10e id.	127	»	»	»	127	»
14	11e id.	»	»	»	»	»	»
97	12e id.	459	»	»	»	459	»
141	13e id.	730	»	»	»	730	»
33	14e id.	152	»	»	»	152	»
11	15e id.	»	»	»	»	»	»
4	16e id.	47	»	»	»	47	»
8	17e id.	»	»	»	»	»	»
41	18e id.	182	»	»	»	182	»
11	19e id.	53	»	»	»	53	»
10	20e id.	40	»	»	»	40	»
93	21e id.	421	»	»	»	421	»
55	22e id.	336	»	»	»	336	»
5	23e id.	30	»	»	»	30	»
12	24e id.	8	»	»	»	8	»
7	25e id.	»	»	»	»	»	»
19	26e id.	86	»	»	»	86	»
»	27e id.	581	»	»	»	581	»
»	28e id.	242	»	»	»	242	»

GENDARMERIE A CHEVAL.

(16 brigades employées à la garde des prisonniers de guerre; leur force est comprise dans les divisions où elles se trouvent employées.)

NOMBRE de BRIGADES.	AFFECTATION.	PRÉSENTS.	EN RECRUTEMENT et détachés.	EMBARQUÉS.	AUX HÔPITAUX.	HOMMES.	CHEVAUX.
174	1re division militaire	1,002	»	»	»	1,002	1,002
50	2e id.	361	»	»	»	361	361
37	3e id.	213	»	»	»	213	213
33	4e id.	183	»	»	»	183	183
36	5e id.	195	»	»	»	195	195
57	6e id.	336	»	»	»	336	336
68	7e id.	404	»	»	»	404	404
67	8e id.	391	»	»	»	391	391
97	9e id.	563	»	»	»	563	563
83	10e id.	490	»	»	»	490	490
51	11e id.	368	»	»	»	368	368
97	12e id.	567	»	»	»	567	567
76	13e id.	443	»	»	»	443	443
54	14e id.	313	»	»	»	313	313
53	15e id.	314	»	»	»	314	314

NOMBRE de BRIGADES.	AFFECTATION.	PRÉSENTS.	EN RECRUTEMENT et détachés.	EMBARQUÉS.	AUX HÔPITAUX.	EFFECTIFS. HOMMES.	EFFECTIFS. CHEVAUX.
59	16e division militaire	167	»	»	»	167	167
86	18e id.	348	»	»	»	348	348
70	19e id.	431	»	»	»	431	431
85	20e id.	498	»	»	»	498	498
94	21e id.	538	»	»	»	538	538
81	22e id.	479	»	»	»	479	479
10	23e id. Corse	32	»	»	»	32	32
2	23e id. Elbe	6	»	»	»	6	6
82	24e id.	421	»	»	»	421	421
79	25e id.	382	»	»	»	382	382
53	26e id.	287	»	»	»	287	287
»	27e id.	358	»	»	»	358	358
»	28e id.	42	»	»	»	42	42
Guides	Etat-major général des camps	117	»	»	»	117	117
Id.	Corps de droite	97	»	»	»	97	97
Id.	Corps du centre	97	»	»	»	97	97
Id.	Corps de gauche	97	»	»	»	97	97
Id.	1er corps détaché	100	»	»	»	100	100
Id.	2e id.	»	»	»	»	»	»
Id.	Réserve des armées des côtes	97	»	»	»	97	97
Id.	Hanovre	144	»	»	»	144	144
	OFFICIERS D'ÉTAT-MAJOR.						
»	1re division militaire	395	»	»	»	395	»
»	2e id.	132	»	»	»	132	»
»	3e id.	281	»	»	»	281	»
»	4e id.	46	»	»	»	46	»
»	5e id.	226	»	»	»	226	»
»	6e id.	75	»	»	»	75	»
»	7e id.	92	»	»	»	92	»
»	8e id.	171	»	»	»	171	»
»	9e id.	48	»	»	»	48	»
»	10e id.	135	»	»	»	135	»
»	11e id.	67	»	»	»	67	»
»	12e id.	148	»	»	»	148	»
»	13e id.	139	»	»	»	139	»
»	14e id.	43	»	»	»	43	»
»	15e id.	56	»	»	»	56	»
»	16e id.	430	»	»	»	430	»
»	18e id.	16	»	»	»	16	»
»	19e id.	42	»	»	»	42	»
»	20e id.	26	»	»	»	26	»
»	21e id.	35	»	»	»	35	»
»	22e id.	30	»	»	»	30	»
»	23e id.	60	»	»	»	60	»
»	24e id.	56	»	»	»	56	»
»	25e id.	52	»	»	»	52	»
»	26e id.	163	»	»	»	163	»
»	27e id.	82	»	»	»	82	»
»	28e id.	77	»	»	»	77	»
»	Etat-major général des camps	50	»	»	»	50	»
»	Ailes de débarquement	87	»	»	»	87	»
»	Avant-garde	5	»	»	»	5	»
»	Corps de droite	91	»	»	»	91	»

NUMÉROS des bataillons.	AFFECTATION.	PRÉSENTS.	EN RECRUTEMENT ou détachés.	EMBARQUÉS.	AUX HÔPITAUX.	EFFECTIFS.	
						HOMMES.	CHEVAUX.
»	Corps du centre	149	»	»	»	149	»
»	Corps de gauche	173	»	»	»	173	»
»	1er corps détaché	142	»	»	»	142	»
»	2e id.	89	»	»	»	89	»
»	Réserve des camps	246	»	»	»	246	»
»	Escadre de Brest	»	»	13	»	13	»
»	Escadre de l'île d'Aix	»	»	1	»	1	»
»	Escadre du centre, amiral Magon	»	»	1	»	1	»
»	Escadre de Toulon	»	»	21	»	21	»
»	Camp de Walcheren	14	»	»	»	14	»
»	Troupes de garnison en Batavie	15	»	»	»	15	»
»	Hanovre	82	»	»	»	82	»
»	Royaume d'Italie	145	»	»	»	145	»
»	» d'Étrurie	7	»	»	»	7	»
»	États de Naples	45	»	»	»	45	»

TROUPES IRRÉGULIÈRES.

CHASSEURS D'ORIENT.

1	Escadre de Toulon	»	»	100	»	100	»
	Id.	103	»	»	6	109	»

BATAILLONS DE DÉPÔTS COLONIAUX.

1	Camp de Walcheren-Batavie	324	»	»	84	108	»
2	14e division militaire	333	»	50	»	383	»
3	A la Guadeloupe, escadre de l'île d'Aix	»	»	360	41	401	»
Dépôt	12e division militaire	120	»	»	8	128	»
Id.	Escadre du contre-amiral Magon	»	»	77	»	77	»
4	13e division militaire	352	»	»	24	376	»

DÉPÔTS DE CONSCRITS RÉFRACTAIRES.

»	2e division militaire	»	»	»	»	»	»
»	3e id.	»	»	»	»	»	»
»	5e id.	36	»	»	4	40	»
»	6e id.	»	»	»	»	»	»
»	7e id.	»	»	»	»	»	»
»	10e id.	»	»	»	»	»	»
»	11e id	168	»	»	48	216	»
	11e Atelier des condamnés au boulet	46	»	»	2	48	»
»	12e division militaire	105	»	»	14	119	»
»	14e id.	»	»	»	»	»	»
»	16e id.	434	»	»	38	472	»
»	27e id.	49	»	»	2	51	»

INFANTERIE LÉGÈRE CORSE (DEVENUE LÉGION CORSE).

1, 2, 3, 4, 5	Livourne, Étrurie	1947	264	»	293	2504	»

NUMÉROS des bataillons.	AFFECTATION.	PRÉSENTS.	EN RECRUTEMENT ou détachés.	EMBARQUÉS.	AUX HÔPITAUX.	EFFECTIFS HOMMES.	EFFECTIFS CHEVAUX.
	FRANCS DE L'ILE D'ELBE.						
1,2.......	23e division militaire, île d'Elbe...	708	10	»	2	720	»
	COMPAGNIES FRANCHES CORSES.						
»	Du Golo.... 1re cie						
»	De Liamone. 1re cie } Incorporé dans le 3e bat. Corse du 8e rég. d'inf. légère....	»	»	»	»	»	»
»	De Caprara. 1re comp. 23e division militaire. Corse..............	83	»	»	»	83	»
	INFANTERIE LÉGÈRE CORSE.						
	Deux bataillons doivent se former dans les départements de la Liamono et du Golo, en vertu d'un décret du 17 thermidor an XIII.						
	1re LÉGION DU MIDI (CI-DEVANT PIÉMONTAISE).						
1.........	Escadre de l'île d'Aix à la Martinique	»	»	226	183	109	»
2.........	Escadre de l'île d'Aix à San-Domingo......................	»	»	569	»	569	»
3.........	12e division militaire............	532	4	»	157	693	»
Dépôt.....	18e id.	154	50	»	47	251	»
»	Deux compagnies du 3e bataillon, escadre du contre-amiral Magon.	»	»	240	»	240	»
Dét.......	7e division militaire.............	4	»	»	»	4	»
Cie d'art...	12e id.	81	»	»	»	81	»
	TIRAILLEURS DU PÔ.						
1.........	Armée des côtes, corps du centre..	804	»	»	87	891	»
	BATAILLONS ÉTRANGERS.						
1.........	14e division militaire............	136	52	»	24	212	»
2.........	23e id. (Corse).......	635	»	»	30	665	»
	DÉSERTEURS FRANÇAIS RENTRÉS.						
1.........	16e division militaire...........	152	»	10	19	190	»
	BATAILLON DE PIONNIERS.						
1.........	27e division militaire............	616	»	»	164	780	»
	GARDE DU GÉNÉRAL EN CHEF DE L'ARMÉE DE HANOVRE.						
«	Hanovre, division de cavalerie....	77	»	»	»	77	75

NUMÉROS des régiments.	AFFECTATION.	PRÉSENTS.	EN RECRUTEMENT et détachés.	EMBARQUÉS.	AUX HÔPITAUX.	EFFECTIFS. HOMMES.	CHEVAUX.
	GUIDES DE L'ARMÉE DES CÔTES DE L'OCÉAN.						
»	Pour mémoire, employés à la gendarmerie à cheval, article *Etat-major des camps*............	»	»	»	»	»	»
	TROUPES LIGURIENNES.						
1.........	1er et 2e bataillons. (Ces deux bataillons forment le 32e rég. d'infant. légère. Voir à l'*Infant. légère*.)	»	»	»	»	»	»
	TROUPES IRRÉGULIÈRES LIGURIENNES.						
»	Gardes de l'ex-gouvernement ligurien, à Gênes................	127	»	»	4	131	»
»	Artillerie à pied................	379	7	»	21	407	»
»	Invalides......................	276	»	»	»	276	»
»	Gendarmerie à pied.............	542	»	»	»	542	»
	TROUPES SUISSES.						
1.........	1er et 2e bataillons, 23e division militaire, Corse................	1,784	»	»	29	1,813	»
»	3e bataillon, 27e division militaire, venant de la 12e.............	383	»	»	69	452	»
»	4e bataillon, 28e division militaire.	776	»	»	62	838	»
»	1re compagnie du 3e bataillon du corps expédit. de 600 hommes...	»	»	120	»	120	»
»	3e compag. du 3e bataillon, escadre du contre-amiral Magon........	»	»	492	»	492	»
»	Artillerie, 1re compagnie, 14e division militaire................	41	»	»	1	42	»
	TROUPES ITALIENNES.						
»	23e division militaire, île d'Elbe...	574	4	»	135	713	»
»	Id......................	615	2	»	81	698	»
»	Armée des côtes, avant-garde, 3e division de réserve (dragons à pied).	5,204	»	»	194	5,398	»
»	Etats de Naples................	1,674	23	»	163	1,860	»
»	Id......................	147	»	»	6	153	89
	TROUPES POLONAISES.						
»	1re demi-brigade, 1er, 2e et 3e bataillons, Etats de Naples.......	2,166	»	»	86	2,252	»
»	1er de cavalerie, 1er, 2e 3e et 4e escadrons, Etats de Naples.......	618	»	»	30	648	505
	TROUPES IRLANDAISES.						
»	1er bataillon, Armée des côtes, 2e corps détaché, 1re divis. milit.	87	»	»	»	87	»

NUMÉROS des régiments.	AFFECTATION.	PRÉSENTS.	EN RECRUTEMENT et détachés.	EMBARQUÉS.	AUX HÔPITAUX.	EFFECTIFS. HOMMES.	CHEVAUX.
	TROUPES HANOVRIENNES.						
»	Infanterie, 1 bataillon, 8e division militaire	685	3	»	66	754	»
»	Cavalerie, 3 escadrons, 8e division militaire	433	10	»	45	488	390
	TROUPES BATAVES.						
»	Armée des côtes, 1er corps détaché, 1re division	1,133	»	»	162	1,295	»
»	Armée des côtes, 1er corps détaché, 2e division	6,691	»	»	341	7,032	580
»	Armée des côtes, 1er corps détaché, parc d'artillerie	860	»	»	23	883	309
»	Armée des côtes, 1er corps détaché.	24	»	»	»	24	»
»	Camp de Walcheren, Batavie	4,143	»	»	266	4,409	120
»	Division de garnison. id.	228	»	»	3	231	150
»	Côtes de Frise, id.	2,116	»	»	248	2,364	513
»	Voora et Gorée, id.	1,822	93	»	348	2,263	»
»	Côtes de Nord-Hollande, id.	744	»	»	114	858	152
»	Artillerie batave, id.	7,111	»	»	194	2,305	366

Récapitulation générale par armées.

DÉSIGNATION DES ARMES.		PRÉSENTS.	EN RECRUTEMENT et détachés.	EMBARQUÉS.	AUX HÔPITAUX.	EFFECTIFS.		OBSERVATIONS.
						HOMMES.	CHEVAUX.	
Intérieur		153,127	4,830	2,652	9,965	170,574	16,475	
Armée des côtes de l'Océan	Etat-major général	305	»	»	»	305	117	
	Ailes de débarquement	21,301	»	»	»	21,301	138	
	Avant-garde	10,019	»	»	688	10,707	300	
	Corps de droite	22,700	»	»	1,363	24,063	1,410	
	Corps du centre	32,111	»	»	1,787	33,898	2,072	
	Corps de gauche	17,866	»	»	1,108	18,974	1,651	
	1er corps d'armée détaché	20,292	71	»	1,073	22,066	2,360	
	2e corps d'armée détaché	9,592	185	»	489	10,266	683	
	Réserve	29,054	»	»	676	20,730	13,405	
	Division d'élite de la garde impériale	»	»	»	»	»	»	
Escadre de Brest		»	»	8,000	193	8,193	»	
Troupes de l'escadre de Rochefort aux îles du Vent		»	»	2,027	329	3,256	»	
Troupes sur l'escadre du cont.-amiral Magon		»	»	885	»	885	»	
Troupes sur l'escadre de Toulon		»	»	5,076	»	5,076	»	
Détachement expéditionnaire parti de Rochefort le 28 messidor an XIII		»	»	680	»	600	»	
Troupes en Batavie	Camp de Walcheren	4,481	»	»	350	4,831	120	
	Troupes de garnison et de défense des côtes	8,932	242	»	1,090	10,264	1,387	
Armée de Hanovre		19,574	314	»	988	20,876	3,516	
Troupes en Italie	Royaume d'Italie	30,181	599	»	1,989	32,769	5,854	Dans cette situation, la division de troupes italiennes dans le royaume d'Italie n'a pas été comprise, ce qui fait une force en moyenne de 10,000 h. et 2,500 chevaux.
	Royaume d'Etrurie	2,085	264	»	304	2,653	»	
	Etats de Naples	13,339	205	»	914	15,458	2,796	
Totaux		396,589	6,710	20,140	23,306	446,745	52,284	

Récapitulation générale par armes des forces de terre à l'époque du 1er fructidor.

DÉSIGNATION DES ARMES.		NOMBRE de bataillons et escadrons.	PRÉSENTS.	EN RECRUTEMENT et détachés.	EMBARQUÉS.	AUX HÔPITAUX.	EFFECTIFS.		TOTAUX.	
							HOMMES.	CHEVAUX.	HOMMES.	CHEVAUX.
Infanterie........... 113 régiments, dont	87 de ligne....................	287	172,204	4,339	15,419	10,458	202,420	»	262,505	»
	26 d'infanterie légère..........	88	53,170	1,255	1,695	3,965	60,085	»		
Troupes à cheval..... 78 régiments, dont	2 de carabiniers...............	8	1,225	9	»	42	1,276	1,063	57,106	38,198
	12 de cuirassiers..............	48	7,115	33	»	328	7,476	6,024		
	30 de dragons..................	120	23,031	128	»	1,090	24,858	14,214		
	24 de chasseurs................	96	14,723	143	73	927	15,866	11,958		
	10 de hussards.................	40	7,270	28	»	332	7,630	4,939		
Artillerie........... 14 régiments, dont	8 à pied.......................	»	10,602	24	511	513	11,650	»	38,935	10,313
	6 à cheval.....................	»	2,448	54	»	114	2,616	1,134		
22 bataillons, dont	16 bataillons du train.........	»	8,048	63	47	223	8,381	9,179		
	2 bataillons de pontonniers....	»	1,175	»	»	44	1,219	»		
16 compagnies, dont	15 compagnies d'ouvriers.......	»	1,444	12	94	55	1,605	»		
130 compagnies, dont	128 compag. de canonniers garde-côtes et sédentaires.......	»	13,290	»	»	174	13,464	»		
Génie...............	5 bataillons de sapeurs........	»	3,467	2	12	174	3,655	»	4,442	»
	9 compagnies de mineurs........	»	753	1	»	33	787	»		
Vétérans............	10 demi-brigades...............	31	11,262	88	»	830	12,180	»	12,988	»
	18 compagnies de canonniers....	»	775	9	»	24	808	»		
Gendarmerie......... 28 légions formant	750 brigades à pied............	»	4,166	»	»	»	4,166	»	15,047	754
	1,750 id. à cheval.............	»	10,881	»	»	»	10,881	754		
Officiers d'état-major, etc.		»	4,592	»	»	»	4,592	»	4,592	»
TOTAL des troupes régulières......		»	352,241	6,188	17,851	19,335	395,615	49,265	395,615	49,265
Troupes irrégulières...	Chasseurs d'Orient.............	1	103	»	100	6	209	»	12,653	75
	Bataillons de dépôts coloniaux..	4	1,129	»	487	157	1,773	»		
	Dépôt de conscrits réfractaires..	»	838	»	»	108	946	»		
	Infanterie légère corse devenue légion corse..	5	1,947	264	»	293	2,504	»		
	Francs de l'île d'Elbe.........	2	708	10	»	2	720	»		
	Francs Corses de Caprara, devenus canonniers sédentaires.	1	83	»	»	»	83	»		
	Légion du Midi.................	3	771	54	1,035	387	2,247	»		
	Tirailleurs du Pô..............	1	804	»	»	87	891	»		
	Bataillons étrangers...........	2	771	52	»	54	877	»		
	Déserteurs français............	1	152	»	19	19	190	»		
	Pionniers noirs................	1	616	»	»	164	780	»		
	Garde du général en chef de l'armée de Hanovre..	»	77	»	»	»	77	75		
	Troupes liguriennes............	2	1,324	»	»	25	1,356	»		
	Légion hanovrienne.............	»	»	»	»	»	»	»		
Troupes auxiliaires...	1er régiment suisse............	3	2,950	»	648	164	3,762	»	38,477	2,944
	Troupes italiennes.............	»	8,214	29	»	579	8,822	89		
	— polonaises...................	»	2,784	»	»	116	2,900	505		
	— irlandaises..................	»	87	»	»	»	87	»		
	— hanovriennes.................	»	1,118	13	»	111	1,242	390		
	— bataves......................	»	19,872	93	»	1,699	21,664	1,960		
TOTAL GÉNÉRAL (1)........		»	396,589	6,710	20,140	23,306	446,745	52,284	446,745	52,284

(1) Non compris la division italienne dans le royaume d'Italie, n'ayant pas été comprise dans l'état adressé par le chef d'état-major, ce qui établit une différence en moins de 10,000 hommes et 2,500 chevaux.

Armées des côtes de l'Océan au 1er fructidor an XIII.

DÉSIGNATION DES ARMES.	PRÉSENTS.		AUX HÔPITAUX.	CHEVAUX.
	OFFICIERS.	HOMMES.		
			hommes.	
État-major général, guides et sapeurs.	87	218	»	117
Ailes de débarquement............	5	21,296	»	138
Avant-gardes..................	91	9,928	688	300
Corps de droite..................	149	22,551	1,363	1,410
Corps du centre..................	173	31,938	1,787	2,072
Corps de gauche..................	142	17,724	1,108	1,651
1er corps d'armée détaché.........	113	20,880	1,073	2,360
2e id.	93	9,684	489	683
Réserve des armées des côtes.......	245	28,808	676	13,405
Division d'élite de la garde impériale.	Pour mémoire.			
TOTAUX...........	1,098	163,027	7,184	22,136

BUREAU
des
FOURRAGES ET REMONTES.

SERVICE
DES REMONTES.

13 fructidor an XIII.

ADMINISTRATION DE LA GUERRE.

ÉTAT indiquant la situation des corps de cavalerie en chevaux de troupes, les sommes qu'ils ont en caisse appartenant à la masse de remontes, le nombre de chevaux qu'ils devront acheter avec ces sommes et l'effectif auquel ils pourront alors être portés.

Savoir :

NUMÉROS des RÉGIMENTS.	EFFECTIF des CHEVAUX au 1er thermidor an XIII.	NOMBRE DE CHEVAUX à réformer ou morts.	CHEVAUX PROPRES au service.	SOMMES que LES CORPS ont en caisse, compris les fonds ordonnancés en fructidor.	NOMBRE DE CHEVAUX que les corps devront se procurer avec ces sommes.	EFFECTIF qu'ils pourront alors présenter.
CARABINIERS (complet : 556).						
1.........	513	46	497	11,116 34	22	519
2.........	481	13	468	26,859 68	53	521
TOTAUX...	1,024	59	965	37,976 02	75	1,040
CUIRASSIERS (complet : 527).						
1.........	540	32	508	7,433 04	15	523
2.........	525	20	505	17,175 34	34	539
3.........	520	11	509	»	»	509
4.........	438	18	420	42,291 24	84	504
5.........	425	18	407	63,303 36	126	533
6.........	454	14	440	43,675 24	87	527
7.........	474	20	454	34,648 57	69	523
8.........	459	18	441	35,175 24	70	511
9.........	420	30	390	57,847 54	116	506
10.........	388	»	388	62,657 07	125	513
11.........	431	4	427	45,094 89	90	517
12.........	438	4	434	39,487 67	79	513
TOTAUX...	5,512	189	5,223	418,709 20	895	6,218
DRAGONS (complet : 540).						
1.........	471	9	462	30,336 00	66	528
2.........	367	7	360	65,754 41	143	503
3.........	428	13	415	38,502 67	83	498
4.........	455	16	439	26,516 34	57	496
5.........	440	10	430	31,750 19	69	499
6.........	384	14	370	64,586 16	140	510
7.........	436	16	420	37,420 51	81	501
8.........	425	16	409	40,609 34	88	497
9.........	474	14	460	27,057 02	59	519
10.........	479	18	461	15,995 66	34	495

NUMÉROS des RÉGIMENTS.	EFFECTIF des CHEVAUX au 1er thermidor an XIII.	NOMBRE DE CHEVAUX à réformer ou morts.	CHEVAUX PROPRES au service.	SOMMES que LES CORPS ont en caisse, compris les fonds ordonnancés en fructidor.	NOMBRE DE CHEVAUX que les corps devront se procurer avec ces sommes.	EFFECTIF qu'ils pourront alors présenter.
11.........	406	16	390	52,281 66	122	512
12.........	464	14	450	24,372 10	53	503
13.........	541	11	530	»	»	530
14.........	328	8	320	85,871 00	186	506
15.........	376	20	356	62,552 00	136	492
16.........	430	5	425	37,082 41	80	505
17.........	455	18	437	28,464 00	62	499
18.........	472	8	464	17,895 00	39	503
19.........	458	32	426	34,396 76	74	500
20.........	413	31	382	46,370 00	100	482
21.........	410	34	376	41,814 67	91	467
22.........	447	23	424	32,268 00	70	494
23.........	284	8	276	99,148 78	215	491
24.........	429	9	420	36,366 30	79	499
25.........	426	16	410	26,775 80	58	468
26.........	437	14	423	7,115 00	15	438
27.........	407	16	391	38,107 37	82	473
28.........	312	»	312	70,757 00	153	465
29.........	455	15	440	28,169 86	61	501
30.........	397	7	390	55,034 86	119	509
TOTAUX...	12,706	438	12,268	1,207,371 47	2,615	14,883

CHASSEURS (complet : 516).

NUMÉROS des RÉGIMENTS.	EFFECTIF des CHEVAUX au 1er thermidor an XIII.	NOMBRE DE CHEVAUX à réformer ou morts.	CHEVAUX PROPRES au service.	SOMMES que LES CORPS ont en caisse, compris les fonds ordonnancés en fructidor.	NOMBRE DE CHEVAUX que les corps devront se procurer avec ces sommes.	EFFECTIF qu'ils pourront alors présenter.
1.........	408	31	377	34,666 00	96	473
2.........	404	33	371	49,051 00	139	510
3.........	502	30	472	3,074 00	8	480
4.........	462	28	434	28,998 00	81	514
5.........	496	30	466	13,761 98	38	504
6.........	516	32	484	10,921 79	30	514
7.........	462	28	434	20,404 75	56	490
8.........	516	51	465	»	»	465
9.........	422	25	397	28,757 34	80	477
10.........	511	56	455	20,677 05	59	514
11.........	441	30	411	28,185 00	78	489
12.........	457	42	415	34,097 00	94	509
13.........	418	18	400	26,377 00	73	473
14.........	420	30	390	33,571 00	93	483
15.........	512	32	480	18,709 00	52	532
16.........	501	30	471	»	»	471
19.........	403	28	375	35,017 00	97	472
20.........	426	30	396	38,130 30	105	501
21.........	367	20	347	38,686 00	107	454
22.........	455	24	431	24,585 68	68	499
23.........	417	20	397	29,317 92	81	478
24.........	457	30	427	28,740 50	80	507
25.........	494	6	488	12,385 15	34	522
26.........	429	30	399	15,285 18	42	441
TOTAUX...	10,896	714	10,182	573,401 64	1,590	11,772

NUMÉROS des RÉGIMENTS.	EFFECTIF des CHEVAUX au 1er thermidor an XIII.	NOMBRE DE CHEVAUX à réformer ou morts.	CHEVAUX PROPRES au service.	SOMMES que LES CORPS ont en caisse, compris les fonds ordonnancés en fructidor.	NOMBRE DE CHEVAUX que les corps devront se procurer avec ces sommes.	EFFECTIF qu'ils pourront alors présenter.
HUSSARDS (complet : 516).						
1..........	390	2	388	30,819 00	85	473
2..........	495	10	485	11,914 43	33	518
3..........	422	8	414	20,363 20	56	470
4..........	489	10	479	»	»	479
5..........	421	10	411	32,280 60	89	500
6..........	408	18	390	30,076 55	83	473
7..........	455	»	455	18,451 00	51	506
8..........	356	20	436	37,351 76	103	439
9..........	470	20	450	13,848 67	38	488
10..........	419	20	399	34,682 00	96	495
TOTAUX...	4,325	118	4,207	229,817 21	634	4,841
BATAILLONS PRINCIPAUX DU TRAIN (complet de paix : 180). (L'Empereur a, par un décret du 9 fructidor an XIII, pourvu à la remonte des bataillons principaux du train, au moyen de quoi ces corps ne sont portés ici que pour mémoire.)						
1..........	692	»	692	640 50	1	693
2..........	572	»	572	7,706 00	21	593
3..........	562	»	562	1,582 50	4	566
4..........	550	»	550	6,711 56	18	568
5..........	604	»	604	6,076 00	17	621
6..........	573	»	573	11,164 43	31	604
7..........	34	»	34	11,098 40	30	64
8..........	681	»	681	1,784 00	5	689
TOTAUX...	4,271	»	4,271	46,763 39	127	4,398
ARTILLERIE A CHEVAL (complet de paix : 196). (Même observation que la précédente pour l'artillerie à cheval.)						
1..........	197	»	197	»	»	197
2..........	205	»	205	17,674 00	38	243
3..........	373	»	373	3,016 11	6	379
4..........	188	»	188	»	»	188
5..........	202	»	202	27,210 25	60	268
6..........	195	»	195	5,220 00	11	206
TOTAUX...	1,360	»	1,360	53,150 36	115	1,475
BATAILLONS *bis* DU TRAIN. (On ne connaît pas la situation en chevaux des bataillons *bis* du train d'artillerie, ces corps, depuis le dédoublement des bataillons, n'ayant pas cessé d'être dans les attributions du Ministre de la guerre ; au surplus, il a été pourvu à leur remonte par le décret impérial du 9 fructidor an XIII.)						
TROUPES AUXILIAIRES (complet : 364).						
Légion hanovrienne.	356	6	350	5,891 91	16	366

Le 13 fructidor an XIII,

Le Chef du Bureau des fourrages et remontes,

LAUMOY.

17 fructidor,

DEJEAN.

GARDE IMPÉRIALE.

Situation des corps composant la Garde impériale et royale au 1er fructidor an XIII.

Désignation des corps.		Lieu de leur résidence.	Présents sous les armes. Officiers.	Présents sous les armes. Troupe.	À l'hôpital du lieu. Officiers.	À l'hôpital du lieu. Troupe.	Total.	Absents détachés hors de la division. Officiers.	Absents détachés hors de la division. Troupe.	Absents aux hôpitaux externes.	Absents total.	Effectif des corps.	Manque au complet.	Total du complet.	Nombre de chevaux.	Mutations du mois dernier. Gain. Officiers.	Gain. Troupe.	Gain. Chevaux.	Perte. Officiers.	Perte. Troupe.	Perte. Chevaux.	Observations.
État-major général		Paris	14	»	»	»	14	9	»	»	0	23	»	23	190	»	»	»	»	»	»	
Infanterie. Grenadiers	anciens	Paris et Courbevoie	56	900	»	50	1,006	28	488	»	516	1,522	185	1,707	69	1	31	»	2	30	»	240 vélites incorporés dans les grenadiers.
Infanterie. Grenadiers	vélites	Fontainebleau	»	317	»	63	380	»	392	»	392	772	183	955								
Infanterie. Grenadiers	vétérans	Versailles	5	107	»	2	114	»	»	»	»	114	dépassent	102	»	»	»	»	»	»	»	
Infanterie. Chasseurs	anciens	École militaire	50	650	1	54	755	27	556	»	583	1,338	367	1,707	58	1	31	2	»	15	»	230... 50... 30 dans les chasseurs.
Infanterie. Chasseurs	vélites	Ruelle	»	454	»	44	498	»	309	»	309	807	150	955								
Cavalerie.	Grenadiers à cheval	École militaire	30	360	»	35	434	27	481	»	508	942	75	1,017	1,005	»	10	»	»	17	»	
Cavalerie.	Chassrs et mamelucks	École milit. de Melun	39	564	1	21	625	28	390	»	418	1,043	99	1,142	1,082	»	»	»	»	3	16	*Chevaux détachés.*
Artillerie.	Escadron et ouvriers	École militaire	7	65	»	2	74	14	169	»	183	257	28	705	243	»	5	»	»	2	4	
Artillerie.	Train	Grenelle et Vincennes	2	207	»	13	222	3	195	»	198	420			326							Grenadiers à pied...... 29
Gendarmerie d'élite		Arsenal	32	420	»	9	461	9	127	»	136	507	47	644	452	»	»	»	»	1	1	Chasseurs à pied...... 22
Matelots		Dans les forts, le dépôt seul à Paris	34	680	»	7	721	»	»	»	»	721	97	818	46	»	»	»	»	»	»	Grenadiers à cheval..... 543
Italiens.	Infanterie	Saint-Denis	46	979	1	5	1,031	2	2	31	35	1,066	»	1,066	»	»	28	»	»	»	»	Chasseurs ou mamelucks. 451
Italiens.	Cavalerie	Vincennes	15	266	»	»	281	1	12	1	14	295	»	295	171	1	41	3	»	11	1	
Italiens.	Artillerie	Id.	3	54	»	»	57	2	11	3	16	73	»	73	72	»	»	»	»	»	»	Artillerie. Escadron. 159
Réfugiés mamelucks		Melun	»	120	»	»	120	»	18	»	18	138	»	138	»	»	2	»	»	»	»	Artillerie. Train. 279
Hôpital du corps		Paris	12	»	»	»	12	»	»	»	»	12	»	12	9	»	»	»	»	»	»	Gendarmerie. 164 Matelots..... 44
Totaux			315	6,152	3	305	6,805	150	3,150	35	3,335	10,140	1,231	11,350	3,722	3	148	5	2	79	22	Total... 1,081

A Paris, le 1er fructidor an XIII.

Certifié par moi,
Inspecteur aux revues soussigné,
CHADELAS.

(*Archives nationales*, AFIV, 1170.)

Armée des côtes de l'Océan à l'époque du 1er fructidor an XIII.

ÉTAT-MAJOR GÉNÉRAL.

Major général	M. le maréchal Berthier, ministre de la guerre.	1
Aides de camp	Arrighi, colonel	1
	Bruyères, colonel	1
	Girardin, capitaine	1
	de Périgord, sous-lieutenant	1
	N.	1
	N.	1
Généraux de brigade.	Pannetier	1
	N.	1
Aides de camp	Froment, aide de camp	1
	Richardot, aide de camp	1
	N.	1
	N.	1
Adjudants-commandants	Lomet, employé provisoirement	1
	Dalton	1
	Lecamus, commandant le quartier général	1
Officiers employés à l'état-major général.	Vallongue, colonel du génie chargé en chef du détail de l'état-major	1
	Chevalier, adjudant-commandant	1
	Curto, colonel	1
	d'Herval, colonel	1
	Carannes, major	1
	Parigot, chef de bataillon	1
	Pillet, chef de bataillon	1
	Lejeune, chef de bataillon	1
	Blein, chef de bataillon	1
	Mergès, chef d'escadron	1
	Levaillant, capitaine	1
	Lejeune, capitaine	1
	Lagrange, lieutenant	1
	Brunet, lieutenant	1
	Picton, lieutenant	1
	Flahaut, lieutenant	1
	Lignivile, lieutenant	1
	Total	33

ARTILLERIE.

Général commandant en chef	Songis, 1er inspecteur général de l'artillerie	1
Aides de camp	Doguereau, chef d'escadron	1
	Berge, chef d'escadron	1
	Durelle, capitaine	1
Général de brigade	Pernetti, chef de l'état-major général de l'artillerie	1
Aides de camp	Doulcet, lieutenant	1
	N.	1
Général de division	Faultrier, directeur général des parcs	1
Aides de camp	Faultrier, capitaine	1
	Rocagel, capitaine	1
	Maillard, lieutenant	1

Colonels d'artillerie...	SENARMONT, sous-chef de l'état-major	1
	N	1
Officiers adjoints à l'état-major de l'artillerie	MICHON, capitaine	1
	FOURCY, capitaine	1
	NARILHAC, capitaine	1
	HENRION, capitaine	1
	COLIN, capitaine	1
	L'ESPAGNOL, capitaine	1
	MORASIN, capitaine	1
	HULOT, capitaine	1
	N	1

GÉNIE.

Général commandant en chef	MARESCOT, 1er inspecteur général du génie	1
Aides de camp	MALIVOIRE, chef de bataillon	1
	DESCHALLARD	1
	PERRIN, capitaine	1
Colonel du génie	N..., chef de l'état-major général du génie	1
Chefs de bataillon	DODE, sous-chef de l'état-major	1
	N	1
	DECAUX, directeur du parc	1
Officiers adjoints à l'état-major du génie.	BERTHOIS, capitaine	1
	BOISCHEVALLER, capitaine	1
	BERNARD, capitaine	1
	HUARD, capitaine	1
	DUFOUR, capitaine	1
Colonel de gendarmerie,	N	1
Capitaine des guides, interprète,	CUVELIER	1
Vaguemestre général	N	1
	TOTAL de l'état-major général	71

Guides interprètes	Lieutenant en premier	1
	Lieutenant en second	1
	Sous-lieutenant en premier	1
	Sous-lieutenant en second	1
	Guides	117
Gendarmerie.		
	TOTAL	192

Commissaire général	PETIET, conseiller d'État	1
Adjoint au commissaire général		1
Commissaires des guerres	MONTHIÉRY	1
	MAZEAU	1
	BARTHOMEUF	1
	COLETTE	1
	VAST	1
Inspecteur en chef aux revues	VILLEMANZI	1
Inspecteur aux revues,	FRIRION	1
Sous-inspecteurs aux revues	MARIGNIER	1
	JOINVILLE	1

ADMINISTRATION.

Vivres-pain.........	DENIOT et BAGIEUX, régisseurs.	
Vivres-viande.......	VALETTE, régisseur.	
Fourrages..........	LONNOY, régisseur.	
Construction des fours.	AUDIBRAN, chef.	
Équipages des vivres.	N...	
Administration des hôpitaux...........	MOURON, régisseur.	
Service de santé.....	COSTE, médecin. PERCY, chirurgien. PARMENTIER, pharmacien.	
Équipag. d'ambulance.	N...	
Habillement et campement............	RICÉE, inspecteur général.	
Chauffage..........	ANDRÉ DE LA LOZÈRE, régisseur.	
Trésorerie...........	ROGUIN, payeur général.	
Poste aux lettres.....	GUÉRIN, inspecteur en chef.	
Imprimerie de l'armée.	MERSAN, directeur.	
Équipages militaires..	Transports, inspecteur. N... Vivres, sous-directeur. N... Ambulance, directeur. N...	
Sapeurs............	4e bataillon, 6e compagnie..................	101

Situation des 5 ailes de débarquement à l'époque du 1er fructidor an XIII.

ARMES.	CORPS.	EMPLACEMENTS.	PRÉSENTS.
1re *aile de débarquement, commandée par le général de brigade* MARCHAND. (Le capitaine de vaisseau BEAULIEU dirigera le débarquement.)			
Infanterie légère	6e	2 bataillons, de la 2e division du corps de gauche..........................	1,400
	9e	2 bataillons, de la 1re division, id........	1,400
Infant. de ligne.	50e	2 bataillons, de la 3e division du corps de gauche..........................	1,400
Artillerie à pied.	1er	12e compagnie, du parc d'artillerie du corps de gauche....................	97
Ouvriers.......	1er	1re escouade, du parc d'artillerie du corps de gauche.........................	26
Sapeurs.......	5e	6e compagnie, de l'état-major et 1re division du corps de gauche............	97
Train.........	5e principal....	6e compagnie, Boulogne et Saint-Omer..	199
		TOTAL..............	4,619

ARMES.	CORPS.	EMPLACEMENTS.	PRÉSENTS.
2e aile de débarquement, commandée par le général de brigade MERLE.			
(Le capitaine de vaisseau MORAS dirigera le débarquement.			
Infanterie légère	24e	2 bat., de la 2e divis. du corps du centre.	1,400
	26e	2 bat., de la 3e id.	1,400
Infant. de ligne.	3e	2 bat., de la 3e id.	1,400
Artillerie à pied.	5e	16e compagnie (réserve et parc)........	98
Ouvriers.......	4e	1re escouade, du parc................	26
Sapeurs.......	»	Non désignés.......................	»
		TOTAL.............	4,324
3e aile de débarquement, commandée par le général de brigade X...			
(Le capitaine de vaisseau HAMELIN dirigera le débarquement.)			
Infanterie légère	10e	2 bat., de la 1re divis. du corps du centre.	1,400
	17e	2 bat., de la 4e divis. id.	1,400
Infant. de ligne.	34e	2 bat., de la 4e divis. id.	1,400
Artillerie à pied.	5e	17e compagnie, du parc..............	99
Ouvriers d'artill.	4e	1re escouade, du parc................	26
Sapeurs.......	»	Non désignés.......................	»
		TOTAL.............	4,325
4e aile de débarquement, commandée par le général de brigade DUPAS.			
(Le général COMBIS commandera le débarquement.)			
Infant. de ligne.	13e	Le bat. d'élite, de la divis. de grenadiers.	700
	58e	Id........................	700
Infanterie légère	2e	Id., de la divis. de grenadiers.....	700
	3e	Id........................	700
	28e	Id........................	700
	31e	Id........................	700
		(Ces 6 bataillons d'élite sont partis le 8 fructidor pour se rendre à Strasbourg.)	
Artillerie à pied.	6e	14e compagnie, du parc de siège à la réserve........................	100
Ouvriers.......	11e	1re escouade, à Boulogne.............	26
Sapeurs.......	»	Non désignés.......................	»
		TOTAL.............	4,326
5e aile de débarquement, commandée par le général de brigade X...			
(Le capitaine de vaisseau MEYNNE commandera le débarquement.)			
Infanterie légère	13e	2 bat. de la 1re divis. du corps de droite.	1,400
Infant. de ligne.	17e	2 id. id.	1,400
	51e	1 id. id.	700
Artillerie à pied.	7e	15e compagnie du parc...............	94
Ouvriers.......	7e	1re escouade du parc................	26
Sapeurs.......	2e	8e compagnie, des 2e et 3e divisions.....	82
		TOTAL.............	3,702

Récapitulation des 5 ailes de débarquement.

	Présents.
État-major	5
1re aile	4,619
2e aile	4,324
3e aile	4,325
4e aile	4,326
5e aile	3,702
TOTAL GÉNÉRAL	21,301

Situation de l'avant-garde de l'Armée des côtes de l'Océan, à l'époque du 1er fructidor an XIII.

Général comm^t en chef.	M. le maréchal LANNES	1
Aides de camp	N..., colonel	1
	SUBERVIE, chef de bataillon	1
	QUIOT, chef de bataillon	1
	BUSSIÈRE, capitaine	1
	MASSÉNA, capitaine	1
	SAINT-MARC, capitaine	1
Général de brigade	N	1
Aides de camp	N	1
	N	1
Adjud.-commandants.	LOMET, chef de l'état-major (provisoirement)	1
	N	1
Adjoints à l'état-major (non désignés)		4
ARTILLERIE.		
Général de brig. comm^t.	FOUCHÉ	1
Aides de camp	GOURGAULT	1
	N	1
Colonel chef de l'état-major, N		1
Officiers adjoints		2
GÉNIE.		
Colonel commandant.	KIRGENER	1
Chef de bataillon, chef d'état-major	DUBOIS-FRENAIS	1
Officiers adjoints	GILLOT-GUIMET	1
	BARRIN-MIGNERON	1
Vaguemestre général		1
Inspecteur aux revues		1
Commissaire ordonnateur en chef		1
Commissaires des guerres		2
Courriers extraordinaires.		
Bureau de l'état-major.		
Officiers à la disposition du général commandant en chef.		
Général de division		1
Aides de camp		3
Général de brigade	CLAPARÈDE, attaché à la 1re division des grenadiers de l'avant-garde	1
Aides de camp		2
	TOTAL	38

ADMINISTRATION.

Vivres-pain.........	COLLET, directeur.
Construction des fours.	FRANÇOIS, sous-chef.
Vivres-viande.......	AUGUSTIN.
Fourrages..........	ALEXANDRE, directeur.
Administration des hôpitaux...........	TIERCELIN, directeur.
Service de santé......	RENATI, médecin principal. ......, chirurgien principal. LENEVEU, pharmacien principal.
Habillement et campement.	
Chauffage et lumière.	
Trésorerie..........	POULAIN, payeur divisionnaire.
Poste aux lettres.	
Équipages militaires..	Transports, LAURIER, inspecteur. Vivres, CARDON, sous-inspecteur. Ambulance, WIET, capitaine.

État-major de la 1re division de l'avant-garde.

(L'état-major et les troupes composant cette division sont partis le 8 fructidor pour se rendre à Strasbourg.)

Général de division...	OUDINOT...............................	1
Aides de camp......	DEMANGEOT, chef d'escadron...............	1
	LAMOTTE, chef d'escadron..................	1
	HUTTIN, capitaine.......................	1
Généraux de brigade.	LAPLANCHEMORTIÈRE.......................	1
	LAGRAVE, capitaine, aide de camp..........	1
	FARAGUET, lieutenant, aide de camp........	1
	DUPAS.................................	1
	BARRAS, aide de camp..................	1
	BEAUCHATON, aide de camp..............	1
	RUFFIN................................	1
	Aides de camp.........................	2
Adjudant-commandant	JARRY..................................	1
Officiers adjoints..... (Il ne doit y avoir que deux adjoints.)	FITREMANN, capitaine....................	1
	DAUGER, capitaine.......................	1
	CAMPI, capitaine........................	1
	VAMBERCHON, capitaine...................	1
Artillerie...........	BALTUS, chef d'escadron..................	1
	PUSSOT, adjoint.........................	1
Génie..............	BARAILLON, capitaine....................	1
	GOUVILLE, capitaine.....................	1
Sous-inspecteur aux revues...........	SAVARY.................................	1
Commissaires des guerres.........	DAGIOUT................................	1
	BOISSY D'ANGLAS, adjoint.................	1
	TOTAL......	23

Troupes de la 1re division de l'avant-garde.

BRIGADES.	RÉGIMENTS.	COLONELS ou MAJORS.	CHEFS de BATAILLON.	CORPS.	SITUATION DES BATAILLONS.	SITUATION DES COMPAGNIES.	SITUATION DES COMPLET.	EMPLACEMENT.	PRÉSENTS.
1re..	1...	Froment, colonel du 13e de ligne.	Renard....	13e	1	»	785	Wimereux.	33
								4e aile.....	700
			Bayle.....	58e	1	»	785	Wimereux.	58
								4e aile.....	700
	2...	Brayer, major du 9e de ligne.	Royer.....	9e	1	»	785	Wimereux.	681
			Curtot....	81e	1	»	785	Id......	744
2e..	3...	Schramm, colonel du 2e d'inf. légère.	»	2e	1	»	785	Wimereux.	30
								4e aile.....	700
			»	3e	1	»	785	Wimereux.	72
								4e aile.....	700
	4...	Cabannes, major du 28e d'inf. légère.	Progé.....	28e	1	»	785	Wimereux.	65
								4e aile.....	700
			Bœuf.....	31e	1	»	785	Wimereux.	44
								1e aile.....	700
3e..	5...	Desailly, colonel du 15e d'inf. légère.	Polard....	12e	1	»	785	Wimereux.	720
			»	15e	1	»	785	Id......	723
Artillerie à pied, 6e régiment........................						8e	104	Boulogne et St-Léonard	91
Artillerie à cheval, 5e régiment........................						2e	84	Calais.....	86
Train, 5e bataillon *bis*........................						1re	102	Boulogne..	70
						1/2 de la 3e	51	Id......	35
Sapeurs, 2e bataillon *bis*........................						2e	101	Wimereux.	77
Total des présents........................									3,529

Troupes du génie attachées à l'état-major de l'avant-garde.

Sapeurs, 2e bataillon........................	1/2 de la 3e	52	....	38
	4e	104	....	78
Mineurs, 5e compagnie........................	5e	104	....	84
Total général des présents........................				3,729

2e division de l'avant-garde.

ÉTAT-MAJOR.

Général de division...	GAZAN	1
Aides de camp.......	TRIPOULT, chef de bataillon	1
	MONNEAU, capitaine	1
	MAINGRENOR, capitaine	1
Généraux de brigade..	GRAINDORGE	1
	MIGNOT, lieutenant, aide de camp	1
	N	1
	CAMPANA	1
	CAMPANA, capitaine, aide de camp	1
	N	1
Adjudant-commandant	FORNIER D'ALBE	1
Officiers adjoints.....	ESCARBUSSIÈRE, capitaine	1
	MONTELGIER, capitaine	1
Artillerie...........	Officiers	2
Génie.............	CAZIN, capitaine	1
	PAPORET, capitaine	1
Sous-inspecteur aux revues...........	LARAN	1
Commissaires des guerres.........	FÉRAUD, adjoint, et N	2
	TOTAL.....	20

ADMINISTRATION.

Vivres-pain.........	BORDENAVE, inspecteur.	
Construction des fours.	N...	
Vivres-viande.......	DUPONT, inspecteur.	
Fourrages..........	POGEROT, inspecteur.	
Administration des hôpitaux...........	COGNON, économe.	
Service de santé.....	JOUSSERANDOT, médecin.	
Habillement et campement............	MORADEBRY, aide-garde-magasin.	
Chauffage et lumière..	D'IMBERT, garde-magasin.	
Trésorerie..........	N..., payeur divisionnaire.	
Poste aux lettres.....	BAUD, directeur divisionnaire.	
Équipages militaires..	Transports..	HERVIEUX, chef de division.
	Vivres.....	VANNETIN, conducteur.
	Ambulance.	LABASSÉE, conducteur.

CORPS.	COLONELS.	CHEFS de BATAILLON.	GUERRE. BATAILLONS.	COMPAGNIES.	COMPLET.	EMPLACEMENT.	PRÉSENTS.	DÉPÔTS. EMPLACEMENTS.	PRÉSENTS.
4e légère.	Bazancourt	Balland... Chevillot. Lauten....	3	»	2,700	Wimereux.	1,714	Lille.	123
100e de l.	Ritay.....	Lescouvé.. Jodon..... Delissart.	3	»	2,700	Id.	2,074	Id.	270
103e de l.	Taupin....	Berger.... Lefebvre.. Pasquier..	3	»	2,700	Id.	2,173	Id.	193
Artillerie à pied, 6e régiment......			»	11e	104	Boulogne.	94	»	»
Train, 5e bataillon *bis*..........			»	2e	102	Id.	70	»	»
				1/2 de la 3e	51	Id.	35	»	»
Sapeurs, 2e bataillon *bis*........			»	1/2 de la 3e	52	»	39	»	»
Total....................................							6,199	Total.	586

PARC D'ARTILLERIE DE L'AVANT-GARDE.

Chefs de bataillon.... { Lasseron, sous-directeur.................... 1
Vasservas.

2 adjoints; 1 inspecteur du train; 1 officier de santé; 1 garde principal; 1 conducteur principal; 3 conducteurs d'artillerie; 1 chef artificier. En tout... 10

Récapitulation de l'avant-garde.

DÉSIGNATION DES CORPS.	OFFICIERS.	PRÉSENTS.	AUX HÔPITAUX.	CHEVAUX d'artillerie.	OBSERVATIONS.
État-major........................	38	»	»	»	
1re division. Officiers d'état-major.....	23	»	»	»	
1re division. Troupes................	»	3,729	467	150	
2e division. Officiers d'état-major.....	20	»	»	»	
2e division. Troupes................	»	6,199	221	150	
2e division. Parc d'artillerie.........	10	»	»	»	
Totaux...........	91	9,928	688	300	

État-major du corps de droite.

Général commandant en chef	M. le maréchal DAVOUT	1
Aides de camp	BOURCK, colonel	1
	DAVOUT, colonel	1
	FALCON, capitaine	1
	LEBRUN, capitaine	1
	PERRIN, capitaine	1
	TROBRIANT, lieutenant	1
Général de division, chef d'état-major	MATH. DUMAS	1
Aides de camp	LAROQUE, chef de bataillon	1
	CLERMONT-TONNERRE, lieutenant	1
	DAMPIERRE	1
Adjudants-commandants (Il ne doit y en avoir que 2.)	BEAUPRÉ	1
	ROMEUF	1
	MARÈS.	
Capitaines adjoints à l'état-major	GAUTHEROT	1
	COUBARD	1
	GAILLARDI	1
	MAUREL	1
	LABARBÉE	1
	BOUDARD	1
Capitaines adjoints disponibles	BAUDRY	1
	BORY SAINT-VINCENT	1
	N	2

ARTILLERIE.

Général de division commandant	SORBIER	1
Aides de camp	GUÉRIN, capitaine	1
	SAUTEREAU, capitaine	1
	LAROULAYE, capitaine	1
Général de brigade, comm. en second	LARIBOISIÈRE	1
Aides de camp	LIGNIEN, capitaine	1
	N	1
Colonel, chef de l'état-major, commandant la réserve	CHARBONNEL	1
Adjoints à l'état-major de l'artillerie (Il ne doit y en avoir que 2.)	GERMAIN, capitaine.	
	JACQUOT	1
	FÈTRE	1

GÉNIE.

Général de brigade commandant	ANDRÉOSSY	1
Aides de camp	ANDRÉOSSY, capitaine	1
	N	2

Colonel commandant en 2e et de parc...	TOUZARD	1
Chef de bataillon, chef d'état-major......	BIZOT-COUDRAY	1
Chef de bataillon....	N	1
Officiers adjoints.....	CIREZ	1
	THUILLIER	1
Chef d'escadron de gendarmerie ayant la police du camp		1
Vaguemestre général		1
Inspecteur aux revues.	LAIGLE	1
Commissaire ordonnateur en chef......	CHAMBON	1
Commissaire des guerres.........	VAUCHELLE, adjoint	1
Bureau de l'état-major.	1 chef.	
	1 principal commis.	
	2 expéditionnaires.	

Officiers à la disposition du général en chef.

Général de division		1
Aides de camp		3
EPPLER, commandant la 5e aile, général de brigade		1
Aides de camp......	SALTEL, capitaine	1
	BERTHION, sous-lieutenant	1
GRANDEAU, employé à la 2e division, général de brigade		1
Aides de camp......	DELHAYE, capitaine	1
	ESPARON, lieutenant	1
JOBA, employé à la 3e division		1
Aides de camp......	LATTE, capitaine	1
	DEBEN, lieutenant	1
Général de brigade commandant la cavalerie		1
Aides de camp		2
	TOTAL de l'état-major militaire.....	63

		Officiers.	Chevaux.
	D'autre part......	63	»
Gendarmerie........	Lieutenant	1	»
	Quartier militaire	1	»
	Gendarmes	97	97
	TOTAL de l'état-major, y compris les troupes du quartier général.....	162	97

ADMINISTRATION.

Vivres-pain.........	Corbigny, directeur.
Construction des fours.	N..., sous-chef.
Vivres-viande.......	Bergera, directeur.
Fourrages..........	Combes, directeur.
Administration des hôpitaux...........	Bourdelot, directeur.
Service de santé.....	Médecin principal, Nicatif. Chirurgien principal, Lacoste. Pharmacien principal, Boudet.
Habillement et campement............	Louasson, inspecteur.
Chauffage et lumière.	Pix, inspecteur.
Trésorerie..........	Pique-Ramecy, payeur principal.
Poste aux lettres.	
Equipages militaires..	Transport, Beausset, inspecteur. Vivres. Ambulances, Piton, capitaine.

État-major de la 1re division du corps de droite.

Général de division...	Bisson...............................	1
Aides de camp.......	Hony, chef de bataillon..................	1
	Bission, lieutenant......................	1
	Leroy, lieutenant........................	1
Généraux de brigade..	Demont...............................	1
	Schmitz, capitaine, aide de camp..........	1
	Laffitte, lieutenant....................	1
	Debilly...............................	1
	Christophe, capitaine, aide de camp.......	1
	Beaudinet, lieutenant, aide de camp.......	1
Adjudant-commandant	Coehorn..............................	1
Officiers adjoints.....	Raspail..............................	1
	Sallé................................	1
Artillerie...........	Vincent, chef de bataillon................	1
	Costille, capitaine......................	1
Génie..............	Prévost, capitaine......................	1
	Goll, capitaine.........................	1
Sous-inspecteur aux revues...........	Caire................................	1
Commissaires des guerres.........	Levasseur............................	1
	Chanteau, adjoint.......................	1
	Total.....	20

ADMINISTRATION.

Vivres-pain.........	Gaillon, inspecteur.
Construction des fours.	N..., maître ouvrier.

Fourrages..........	THOMASSIN, inspecteur.
Administration des hôpitaux...........	VUIBERT, économe.
Vivres-viande.......	PENNEQUIN, inspecteur.
Service de santé.....	DUVAL, médecin.
Habillement et campement............	CANOF, aide garde-magasin.
Chauffage et lumière..	BERNARD, garde magasin.
Equipages militaires..	Transports, ANDOUILLÉ, chef de division. Vivres, LEDOUX, conducteur. Ambulance, STAPPE.

Troupes de la 1re division du corps de droite.

DÉSIGNATION des corps.	COLONELS.	CHEFS de BATAILLON.	SITUATION DES BATAILLONS DE GUERRE. BATAILLONS.	COMPAGNIES.	COMPLET.	EMPLACEMENT.	PRÉSENTS.	DÉPOTS. EMPLACEMENT.	PRÉSENTS.	AUX HÔPITAUX.
13e légère.	CASTEX......	LESOT..... GIROUDOT..	» 2	» »	1,860 »	Ambleteuse. 5e aile.....	302 1,400	Gand...... »	436 »	55 »
17e de lig.	CONROUX....	ARBOT.... MARÉCHAL.	» 2	» »	1,860 »	Ambleteuse. 5e aile.....	457 1,400	Bruxelles.. »	655 »	74 »
30e de lig.	VALTERRE...	CAZEAUX... GIBASSIER..	2	»	1,860	Ambleteuse.	1,533	Aix-la-Chapelle.	311	15
51e de lig.	BONNET D'HONNIÈRES.	GALLO..... DEVÈZE....	1 1	» »	1,860 »	Id. 5e aile.....	1,051 700	Ypres..... »	385 »	34 »
61e de lig.	NICOLAS.....	MALVAL... BODELIN...	2	»	1,860	Ambleteuse.	1,622	Malines...	630	»
Artillerie à pied, 7e régiment..........				1re	»	Id. et côtes.	98	»	»	»
Train d'artillerie, 1er bataillon principal.				1re et 2e	102 102	Id. Id.	77 75	» »	» »	» »
Sapeurs, 2e bataillon................				»	52	au corps de droite.	37	»	»	»

Troupes du génie attachées à l'état-major du corps de droite.

Sapeurs, 2e bataillon...............				6e	104	au corps de droite.	83	»	»	»
				1/2 de la 7e	52	Id.	36	»	»	»
Mineurs, 8e compagnie...............				8e	104	Id.	91	»	»	»
TOTAL................................							5,462	TOTAL...	2,417	178

2e division du corps de droite.

Général de division...	FRIANT	1
Aides de camp.......	PETIT, chef de bataillon	1
	BINOT, capitaine	1
	HOLTZ, capitaine	1
Général de brigade...	HEUDELET	1
Aides de camp.......	LIÉGARD, capitaine	1
	DUVIVIER, capitaine	1
Général de brigade...	GRANDEAU	1
Aides de camp......	JAEGER, capitaine	1
	GALICHET, capitaine	1
Adjudant-commandant	LECLERC-DESESSART	1
Officiers adjoints..... (Il ne doit y avoir que 2 adjoints.)	BONNAIRE	1
	DESPÉRAMONT	1
	MASSOT.	
Artillerie...........	OURIER, chef de bataillon	1
	N	1
Génie..............	BODSON, capitaine	1
	HENRATZ, lieutenant	1
Sous-inspecteur aux revues...........	BRUNCK	1
Commissaires des guerres..........	DESIRAT	1
	EMERY, adjoint	1
	TOTAL.....	20

ADMINISTRATION.

Vivres-pain.........	GARNIER, inspecteur.
Construction des fours.	N..., maître ouvrier.
Vivres-viande.......	GRANDIDIER, inspecteur.
Fourrages..........	DEGUILLY, inspecteur.
Administration des hôpitaux...........	RODRIGUE, économe.
Service de santé.....	BERTHEL, médecin.
Habillement et campement............	Aide garde-magasin.
Chauffage..........	DANIAU.
Equipages militaires..	Transports, CHARDON.
	Vivres, conducteur.
	Ambulance, conducteur.

Troupes de la 2e division du corps de droite.

DÉSIGNATION des corps.	COLONELS.	CHEFS de BATAILLON.	SITUATION DES BATAILLONS DE GUERRE. BATAILLONS.	COMPAGNIES.	COMPLET.	EMPLACEMENT.	PRÉSENTS.	DÉPOTS. EMPLACEMENT.	PRÉSENTS.	AUX HÔPITAUX.
21e légère.	TARAYRE...	VALLÉ.... MARQUIÉ...	2	»	1,860	Ambleteuse...	1,295	Venloo....	383	29
33e de lig.	St-RAIMON.	CARTIER... LEGRAND...	2	»	1,860	Id.	1,561	Tournay...	487	30
48e de lig.	CASSINE...	GLACHANT.. GEORGES...	2	»	1,860	Id.	1,577	Anvers....	444	41
108e de lig.	HIGONNET..	LEMAIRE... LACROIX...	2	»	1,860	Y compris 1084 qui arriveront le 15 fructidor.	1,761	Id......	886	55
111e de lig.	GAY.......	MARTINY... GUIGNE....	2	»	1,860	Ambleteuse...	1,806	Montmédy.	308	14
Artillerie à pied, 7e régiment......				2e	104	Id., côtes...	101	»	»	»
Train d'artillerie, 1er bat. principal.				3e	102	Ambleteuse...	77	»	»	»
				4e	102	Id.	78	»	»	»
Sapeurs, 2e bataillon............				1/2 de la 3e	52	5e aile.......	42	»	»	»
TOTAL..................................							8,256	TOTAL...	2,508	169

3e division du corps de droite.

Général de division..	GUDIN..................................	1
Aides de camp......	CABROL, chef d'escadron...................	1
	GUDIN, chef de bataillon..................	1
	CREUTZER, lieutenant......................	1
Général de brigade...	PETIT..................................	1
Aides de camp.......	GUCUREL, capitaine........................	1
	GUYOT, lieutenant.........................	1
Général de brigade...	GAUTHIER...............................	1
Aides de camp......	LAGOUBLAYE, capitaine.....................	1
	N....................................	1
Adjudant-commandant	DELOTZ.................................	1
Officiers adjoints.....	DUPIN..................................	1
	FERRARIS...............................	1
Artillerie...........	ROSÉ, capitaine........................	1
	LARUE, adjoint.........................	1

Génie.............	Ménissier, capitaine........................	1
	Desprez, lieutenant..........................	1
Sous-inspecteur aux revues...........	Monet...............................	1
Commissaires des guerres.........	Thomas...............................	1
	Burget, adjoint........................	1
	Total.....	20

ADMINISTRATION.

Vivres-pain.........	Thomassin-Moubel.
Vivres-viande.......	Gambard, inspecteur.
Fourrages..........	Deguerchef, inspecteur.
Administration des hôpitaux...........	Auré, économe.
Service de santé.....	Rampon, médecin.
Chauffage et lumière..	Dessart, garde-magasin.
Equipages militaires..	Transports, Gignet. Vivres, Méjean. Ambulance, Delesenne.

Troupes de la 3e division du corps de droite.

Désignation des corps.	Colonels	Chefs de bataillon.	Situation des bataillons de guerre. Bataillons.	Compagnies.	Complet.	Emplacement.	Présents.	Dépôts. Emplacement.	Présents.
12e de lig.	Vergès..	Fischer..... Quérillac...	2	»	1,860	Ambleteuse......	1,698	Mézières.....	487
21e de lig.	Dufour .	Vau[illegible]rigneuse Grognet....	2	»	1,860	Id.............	1,770	Cologne......	610
25e de lig.	Cassagne	Lavallée.... Saint-Faust.	2	»	1,860	Id. et Dunkerque.	1,799	Valenciennes.	475
85e de lig.	Viala...	Seguenaud... Chanié......	2	»	1,860	Dunkerque, etc...	1,754	Sarrelibre....	344
Artillerie à pied, 7e régiment......				3e	104	Ambleteuse et côtes	94	»	»
Train d'artillerie. 1er bataillon principal.				5e	102	Ambleteuse......	68	»	»
Train d'artillerie. 3e bataillon *bis*.......				1re	102	Id.	70	»	»
Sapeurs, 2e bataillon.............				1/2 de la 8e	52	5e aile..........	40	»	»
Total......................................							7,253	Total....	1,916

État-major de la brigade de cavalerie du corps de droite.

Général de brigade...	VIALANNES	1
Aides de camp.......	SEBIRE, capitaine	1
	MONTBRUN, capitaine	1
Adjudant-commandant	HERVO	1
Capitaine adjoint		1
Artillerie		1
Génie	BONTEMPS	1
Sous-inspecteur aux revues	DELECOURT	1
Commissaire des guerres		1
Adjoint		1
	TOTAL.....	10

Troupes de la brigade de cavalerie du corps de droite.

DÉSIGNATION des CORPS.	COLONELS.	CHEFS D'ESCADRONS.	SITUATION DES ESCADRONS DE GUERRE. ESCADRONS.	COMPAGNIES.	COMPLET.	EMPLACEMENT.	PRÉSENTS.	DÉPOTS. EMPLACEMENT.	PRÉSENTS.
1er rég. de chasseurs.	MONTBRUN.	BUREAU...	3	»	480	Marquise.... Ambleteuse. Côtes......	509	Gand......	118
7e rég. de hussards.	MARX.....	MEDA.....	3	»	480	Dunkerque... Ambleteuse..	504	Maëstricht.	297

Réserve d'artillerie du corps de droite.

DÉSIGNATION DES CORPS.	NUMÉROS des RÉGIMENTS.	COMPAGNIES.	COMPLET.	EMPLACEMENT.	PRÉSENTS.
Artillerie à pied	7e	1/2 de la 14e	52	Ambleteuse et côtes.	47
Artillerie à cheval	5e	1re	»	Ambleteuse	91
		3e (1)	»	»	»
Armuriers, détachement	»	»	»	Ambleteuse	9

(1) Cette compagnie a servi à compléter les 1re et 2e compagnies du 5e régiment d'artillerie à cheval.

Parc d'artillerie du corps de droite.

Colonel directeur.....	DEZÈRE	1
Chef de bataillon, sous-directeur.........	PICOTEAU	1
Adjoints........... (Il ne doit y en avoir que 2.)	BEAUVISAGE, capitaine	1
	LECHAT, capitaine	1
	MARÉCHAL, capitaine	1
	ROZIER, capitaine	1
Inspecteur du train...	BIZARD	1
Garde principal......	VIDIARD	1
Conducteur principal..	FEUVRIER	1
Conducteurs d'artillerie.............	MICHEL	1
	DACHAT	1
	THIMON	1
Chef artificier.......	REVENEZ	1
	TOTAL.....	13

DÉSIGNATION DE L'ARME.	Nos DES RÉGIMENTS.	COMPAGNIES.	COMPLET.	EMPLACEMENT.	PRÉSENTS.	OBSERVATIONS.
Artillerie à pied...	7e	6e	»	Au corps de droite..	95	Cette compagnie ne fait pas partie de l'armée.
		1/2 de la 14e	52	Ambleteuse et côtes.	47	
		15e	104	A la 5e aile.........	94	
	8e	8e	»	Au corps de droite...	95	Cette compagnie ne fait pas partie de l'armée.
Ouvriers............		1/2 de la 7e	52	Ambleteuse........	32	
Id., 1re escouade....		»	»	A la 5e aile........	26	
Armuriers, détachement		»	»	Ambleteuse........	11	
Pontonniers, 1er bat...		1/2 de la 7e	52	Id............	43	
TOTAL					323	

Récapitulation du corps de droite.

DÉSIGNATION DES CORPS.		OFFICIERS.	PRÉSENTS.	AUX HÔPITAUX.	CHEVAUX DE TROUPES.	CHEVAUX D'ARTILLERIE.
État-major		63	97	»	97	»
1re division	Officiers d'état-major.	20	»	»	»	»
2e division	Officiers d'état-major.	20	»	»	»	»
	Troupes	»	8,256	553	»	216
3e division	Officiers d'état-major.	20	»	»	»	»
	Troupes	»	7,253	304	»	205
Brigade de cavalerie.	Officiers d'état-major.	10	»	»	»	»
	Troupes	»	1,013	32	680	»
Réserve d'artillerie.	Troupes	»	147	»	»	»
Parc d'artillerie	Officiers	10	323	»	»	»
TOTAUX		143	22,551	1,363	777	633

État-major du corps du centre.

Général commt en chef.	M. le maréchal SOULT	1
Aides de camp	FRANCESCHI, colonel	1
	LACHAU, chef de bataillon	1
	HULOT, capitaine	1
	LAMETH, lieutenant	1
	SAINT-CHAMANS, lieutenant	1
	PETIET, lieutenant	1
Général de division, chef d'état-major	ANDRÉOSSY	1
Aides de camp	VALMABELLE, capitaine	1
	ROSILY, lieutenant	1
	N.	1
Adjudants-commandants	LEMAROIS	1
	RICARD	1
Adjoints à l'état-major.	SALLEY, capitaine	1
	LAURAIN, capitaine	1
	LAFORÊT, capitaine	1
	BAGNIOL, capitaine	1
	GOMBAUD, capitaine	1
Adjoints disponibles		5

ARTILLERIE.

Général de division, commandant	MACORS	1
Aides de camp	THOMIÈRES, chef de bataillon	1
	N.	2

Général de brigade commandant en second		1
Aides de camp		2
Colonel chef de l'état-major, commandant la réserve	DEMARÇAY	1
Adjoints à l'état-major de l'artillerie	PION, capitaine	1
	N	1

GÉNIE.

Général de brigade commandant	CAMPREDON	1
Aides de camp	THIONVILLE, lieutenant	1
	N	1
Colonel commandant en second et de parc	GUYOT-DUCLOS	1
Chef d'état-major	N	1
Chef de bataillon	GARBÉ, directeur du parc	1
Officiers adjoints	VIRVAUX, capitaine	1
	BOURGOIN, capitaine	1
Chef d'escadron de gendarmerie ayant la police du camp	THOUVENOT	1
Vaguemestre général	DUBOIS	1
Inspecteur aux revues	LAMBERT	1
Commissaire ordonnateur en chef	ARCAMBAL	1
S^s^-inspect^r^ aux revues	SICARD	1
Commissaires des guerres	DUCANDOIR	1
	LENOBLE	1
Bureau de l'état-major	1 chef.	
	1 principal commis, 2 expéditionnaires.	

OFFICIERS A LA DISPOSITION DU GÉNÉRAL COMMANDANT EN CHEF.

Général de division		1
Aides de camp		3
Général de brigade	FEREY, employé à la 2e division	1
Aides de camp	VINCENT, capitaine	1
	PIERRON, lieutenant	1
Général de brigade	MOREAU, employé à la 3e division	1
Aides de camp	DESNEUX, lieutenant	1
	ROUSSOT, lieutenant	1
N		1
Aides de camp		2
Général de brigade commandant la cavalerie		1
Aides de camp		2
	TOTAL de l'état-major militaire	64
Gendarmerie	Lieutenant	1
	Quartier-maître	1
	Gendarmes	97
	TOTAL	162

ADMINISTRATION.

Vivres-pain.........	Paris, directeur.
Construction des fours.	
Vivres-viande.......	Villot, directeur.
Fourrages..........	Lemonnier, directeur.
Administration des hôpitaux...........	Esnon, directeur.
Service de santé.....	Guibert, médecin principal. Chappe, chirurgien principal. Bruley, pharmacien principal.
Chauffage et lumière..	Argenvillers, inspecteur.
Trésorerie..........	Duliège, payeur principal.
Equipages militaires..	Transports, ... Vivres, Tellemont, directeur. Ambulance, Viel, capitaine.

État-major de la 1re division du corps du centre.

Général de division...	Saint-Hilaire..........................	1
Aides de camp......	Catelot, capitaine...................... Roederer, lieutenant..................... Lafontaine, lieutenant...................	1 1 1
Général de brigade...	Daultanne..............................	1
Aides de camp......	Besançon, capitaine...................... N....................................	1 1
Général de brigade...	Morand................................	1
Aides de camp......	Lagarde, chef de bataillon............... Morand, capitaine........................	1 1
Adjudant-commandant	Binot..................................	1
Officiers adjoints..... (Il ne doit y avoir que 2 adjoints.)	Baillod, chef de bataillon............... Grives, capitaine........................ Duclos, capitaine. Lafortelle, capitaine.	1 1
Artillerie...........	Fontenay, chef de bataillon............... Bailly, capitaine adjoint..................	1 1
Génie...............	Guardia, capitaine...................... Calmet, capitaine........................	1 1
Sous-inspecteur aux revues...........	Petiet.................................	1
Commissaire des guerres.........	Miot..................................	1
Adjoint..............	....	1
	Total....	20

ADMINISTRATION.

Vivres-pain.........	Besançon, inspecteur.
Vivres-viande.......	Schreiber, inspecteur.
Fourrages..........	Lanneau, inspecteur.

Administration des hôpitaux	VIGNON, économe.
Service de santé	BARTOLY, médecin.
Habillement et campement	DAVID, aide-garde-magasin.
Chauffage et lumière	JOUVE.
Poste aux lettres	DESTRÉES, directeur divisionnaire.
Equipages militaires	Transports, MOSSÉ, chef de division. Vivres, BENOIST, conducteur. Ambulances, CULOT, conducteur.

Troupes de la 1re division du corps du centre.

DÉSIGNATION DES CORPS.	COLONELS.	CHEFS de BATAILLON.	SITUATION DES BATAILLONS DE GUERRE.					DÉPÔTS.	
			BATAILLONS.	COMPAGNIES.	COMPLET.	EMPLACEMENT.	PRÉSENTS.	EMPLACEMENT.	PRÉSENTS.
10e légère.	POUZET.	DEVILLERS. MESLIER.	1 2	» »	1,860 »	Boulogne. 3e aile.	213 1,400	Évreux. »	539 »
14e de lig.	MAZAS.	ROUETTE. DAUSSI.	2	»	1,860	Boulogne.	1,806	Maëstricht.	491
36e de lig.	HOUDART-LAMOTTE.	LOUDIER. FRIDERICHS	2	»	1,860	Id.	1,876	Mons.	510
43e de lig.	RAYMOND-VIVIÈS.	GRUYER. BOYER.	2	»	1,860	Id.	1,820	Béthune.	560
55e de lig.	LEDRU.	CHARLES. ROBILLARD.	2	»	1,860	Id.	1,826	Lille.	401
Artillerie à pied, 5e régiment				12e	101	Id. et côtes.	91	»	»
Train, 3e bataillon principal				1re 2e	102 102	Boulogne. Wissant.	80 80	» »	» »
Sapeurs, 5e bataillon				1/2 de la 3e	52	Corps du centre.	48	»	»
						TOTAL.	7,873	TOTAL.	2,501

Troupes du génie attachées à l'état-major du corps du centre.

Sapeurs. 2e bataillon	9e	101	Corps du centre.	79	»	»
Sapeurs. 5e bataillon	1re 2e	104 104	Id. Id.	94 91	» »	» »
Mineurs	6e	101	Id.	100	»	»
			TOTAL GÉNÉRAL.	8,240	TOTAL.	2,501

2e division du corps du centre.

Général de division..	VANDAMME.	1
Aides de camp......	SERON aîné, chef d'escadron.	1
	DESOYE, capitaine.	1
	SERON jeune, lieutenant.	1
Général de brigade...	CANDRAS.	1
Aide de camp.......	BLANC, lieutenant.	1
Général de brigade...	SCHINER.	1
Aides de camp......	HUET, capitaine.	1
	CHAPSAL, capitaine.	1
Adjudant-commandant	MÉRIAGE.	1
Officiers adjoints.....	REVEST, chef de bataillon.	1
	COUTURES, capitaine.	1
	ROSINGANA, capitaine.	1
Artillerie...........	CABAU, chef de bataillon.	1
	GANACHAU, capitaine.	1
Génie.............	FIRMIN-MARIE, capitaine.	1
	FABIEN, capitaine.	1
Sous-inspecteur aux revues...........	BONNET.	1
Commissaire des guerres.........	JACQUINET, adjoint.	1
	TOTAL.....	20

ADMINISTRATION.

Vivres-pain.........	BESUCHET, inspecteur.
Vivres-viande.......	BOILLÉ, inspecteur.
Fourrages..........	HENRY-MAYEUR, inspecteur.
Administration des hôpitaux...........	VESIAL, économe.
Service de santé.....	BEAUFILS, médecin.
Habillement et campement............	AUBERT, aide-garde magasin.
Chauffage et lumière..	LEFEBVRE, garde magasin.
Poste aux lettres.....	LOUVET, directeur.
Equipages militaires..	Transports, DEVIN, chef divisionnaire.
	Vivres, CHAMPION, conducteur.
	Ambulances, POISSON, conducteur.

Troupes de la 2e division du corps du centre.

DÉSIGNATION DES CORPS.	COLONELS.	CHEFS de BATAILLON.	SITUATION DES BATAILLONS DE GUERRE. BATAILLONS.	COMPAGNIES.	COMPLET.	EMPLACEMENT.	PRÉSENTS.	DÉPÔTS. EMPLACEMENT.	PRÉSENTS.
Tiraill. du Pô.	....	....	1	»	930	Outreau et Boulogne	804	»	»
24e légère.	Pouroilly...	Salmon... Kuhn.....	2	»	1,860	Outreau... 2e aile.....	1,992 400	Nantes... »	496 »
4e de lig.	S. A. I. le prince Joseph Bonaparte.	Coquereau. Guye......	2	»	1,860	Outreau et Boulogne	1,992	Nancy...	507
28e de lig.	Edighoffen.	Boy...... Marion...	2	»	1,860	Id.	1,799	Lille.....	534
46e de lig.	Latrille....	Legros.... Menu.....	2	»	1,860	Id.	1,762	Id......	483
57e de lig.	Rey........	Langlet... Dalom...	2	»	1,860	Id.	1,840	Id......	449
Artillerie à pied, 5e régiment..........				13e	104	Boulogne et côtes....	95	»	»
Train, 3e bataillon principal............				3e 4e	102 102	Wimereux. Ardres....	80 80	» »	» »
Sapeurs, 5e bataillon................				1/2 de la 3e.	52	Corps du centre.	47	»	»
						Total.........	8,764	Total.	2,469

3e division du corps du centre.

Général de division...	Legrand..................................	1
Aides de camp......	Legrand, capitaine.......................	1
	Laval, capitaine.........................	1
	Simonin, lieutenant......................	1
Général de brigade...	Levasseur................................	1
	Levasseur (Isidore), aide de camp.........	1
Général de brigade...	Merle....................................	1
Aide de camp.......	Désirez, lieutenant......................	1
Adjudant-commandant	Cosson...................................	1
Officiers adjoints.....	Lefebvre, chef de bataillon..............	1
	Tritz, capitaine.........................	1
	Collet, capitaine........................	1
Artillerie..........	Cuny, capitaine..........................	1
	Laclause, capitaine......................	1
Génie..............	Vincent, capitaine.......................	1
Sous-inspectr aux revues	Malraison................................	1

Commissaire des guerres.........	DUFOUR..................................	1
	Adjoint....................................	1
	TOTAL.....	20

ADMINISTRATION.

Vivres-pain.........	LACROSSE, inspecteur.
Vivres-viande.......	BAILLET, inspecteur.
Fourrages..........	LAMBERT, inspecteur.
Administration des hôpitaux...........	GILLIER, économe.
Service de santé.....	DEMONT, médecin.
Habillement et campement............	ASSERAT, aide-garde-magasin.
Chauffage et lumière.	BONNICHON, aide-garde-magasin.
Poste aux lettres.....	LALLEMAND, directeur divisionnaire.
Equipages militaires..	Transports, FERRIÈRES, chef de division Vivres, BEAUSÉJOUR, conducteur. Ambulance, DEVILLIERS, conducteur.

Troupes de la 3e division du corps du centre.

DÉSIGNATION DES CORPS.	COLONELS.	CHEFS de BATAILLON.	SITUATION DES BATAILLONS DE GUERRE. BATAILLONS.	COMPAGNIES.	COMPLET.	EMPLACEMENT.	PRÉSENTS.	DÉPÔTS. EMPLACEMENT.	PRÉSENTS.
8e légère.	»	ORNANO	3e Corse.	»	930	Outreau et Boulogne.	818	Antibes..	25
26e de lig.	POUGET....	PARTY....... BRILLAT.....	2	»	1,860	Ostrohove .. 2e aile.......	283 1,400	Sedan... »	561 »
3e de lig.	SCHOBERT..	MINAL....... POITEVIN....	2	»	1,860	Pt-de-Briques et Boulogne. 2e aile.......	362 1,400	Longwy.. »	814 »
22e de lig.	»	DUMONT..... PRÉVOST.....	2	»	1,860	Outreau et Boulogne.	1,688	Béthune..	486
72e de lig.	FICATIER...	BERTHÉSÈNE.. FONDOUSSE...	2	»	1,860	Id.	1,611	Hesdin ..	410
75e de lig.	LHUILLIER.	PARDHAILLON. EMERY.......	2	»	1,860	Id.	1,857	Quesnoy .	407
Artillerie à pied, 5e régiment...........				14e	104	Boulogne et côtes.	100	»	»
Train d'artillerie... 1er bataillon *bis*......				1re	102	Boulogne....	80	»	»
Train d'artillerie... 3e bataillon principal.				5e	102	Id.	80	»	»
Sapeurs, 5e bataillon................				1/2 de la 4e	52	Corps du centre.	48	»	»
						TOTAL.........	6,927	TOTAL..	2,703

4e division du centre.

Général de division...	Suchet	1
Aide de camp.......	Gaudin, chef d'escadron	1
Général de brigade...	Compans	1
Aides de camp......	Lavigne, lieutenant	1
	Martin, lieutenant	1
Général de brigade...	Valhubert	1
Aides de camp......	Mue, lieutenant	1
	Desdorides, lieutenant	1
Adjudant-commandant	Beurmann	1
Officiers adjoints.....	Esnard, chef de bataillon	1
	Mesclop, capitaine	1
Artillerie...........	Fruschard, chef de bataillon	1
	Roussot, capitaine	1
Génie..............	Pierrard	1
	Constantin	1
Sous-inspecteur aux revues...........	Lehoreau	1
Commissaire des guerres.........	Bondurand	1
	Adjoint	1
	Total.....	20

ADMINISTRATION.

Vivres-pain.........	Desgaudières, inspecteur.
Vivres-viande.......	Villot jeune, inspecteur.
Fourrages..........	Lachaux, inspecteur.
Administration des hôpitaux...........	Fondeur, économe.
Service de santé.....	Gras, médecin.
Habillement et campement............	Revel-Penaud, aide-garde-magasin.
Chauffage et lumière.	Lepage, garde-magasin.
Poste aux lettres. ...	Tormsy, directeur divisionnaire.
Equipages militaires..	Transports, Selmis, chef divisionnaire.
	Vivres, Payen, conducteur.
	Ambulance, Combier, conducteur.

Troupes de la 4e division du corps du centre.

DÉSIGNATION DES CORPS.	COLONELS.	CHEFS de BATAILLON.	SITUATION DES BATAILLONS DE GUERRE. BATAILLONS.	COMPAGNIES.	COMPLET.	EMPLACEMENT.	PRÉSENTS.	DÉPÔTS. EMPLACEMENT.	PRÉSENTS.
17e légère.	VEDEL...	LÉVÊQUE..... LEVAVASSEUR.	2	»	1,860	Boulogne.. 3e aile.....	496 »	Strasbourg.	549 »
34e de lig.	DUMOUTIER...	POUVEREAU... TRIDOULAT...	2	»	1,860	Boulogne.. 3e aile.....	326 1,400	Mayence... »	994 »
40e de lig	LEGENDRE	FERTEL...... CHAUSSEROUGE	2	»	1,860	Boulogne..	1,689	Orléans....	404
64e de lig.	NÉRIN...	QUÉNARD..... JOUBERT (1)..	2	»	1,860	Id.	1,740	Rocroy....	368
88e de lig.	CURIAL...	DUHAUTPRÉ.. ROSEY......	2	»	1,860	Boulogne et Wimereux.	1,729	Strasbourg.	447
Artillerie à pied, 5e régiment........				15e	104	Boulogne et côtes.	100	»	»
Train, 1er bataillon *bis*..............				2e 3e	102 102	Boulogne.. Id.	78 80	» »	» »
Sapeurs, 5e bataillon..............				1/2 de la 4e	52	Corps du centre.	47	»	»
						TOTAL.	6,285	TOTAL...	2,762

(1) Se rend à Besançon.

État-major de la brigade de cavalerie du corps du centre.

Général de division..	....	1
Aides de camp......	SAYVÉ, chef d'escadron....................	1
	PETIT, lieutenant..........................	1
	BARTHÉLÉMY, sous-lieutenant...............	1
Général de brigade...	MARGARON..................................	1
Aides de camp......	NOVILLARD, capitaine......................	1
	FRÉVAL, lieutenant........................	1
Adjudant commandant	CAMBACÉRÈS................................	1
Capitaines adjoints...	ASSELIN...................................	1
	THOMAS....................................	1
Génie	TOLOZÉ, lieutenant........................	1
Sous-inspecteur aux revues..........	LEBARDIER.................................	1
Adjoint...........	LANEUVILLE................................	1
	TOTAL......	14

CORPS.	COLONELS.	CHEFS D'ESCADRON.	COMPAGNIES.	COMPLET.	EMPLACEMENT.	PRÉSENTS.
Troupes de la brigade de cavalerie du corps du centre.						
11e rég. de chasseurs.	BESSIÈRES.	ROUBAUD. .	3 esc.	480	Boulogne.	510
8e rég. de hussards.	FRANCESCHI	BECKER. . .	3 esc.	480	Samer.	492
Réserve d'artillerie du corps du centre.						
5e rég. d'artill. à pied.	»	»	1/2 de la 16e	52	2e aile.	48
5e rég. d'artill. à chev.	»	»	4e	84	Boulogne.	90
Armuriers, détachem.	»	»	»	»	Id.	12
					TOTAL.	102

Parc d'artillerie du corps du centre.

Général de brigade...	TAVIEL.	1
Aides de camp.......	BRUN.	1
	HENNEL.	1
Chef de bataillon....	GUÉRIN.	1
Adjoints	IMBERT.	1
	PANO.	1
	GAGNIER.	1
	BOULANGER.	1
	GEORGES.	1
Inspecteur du train.		1
Conducteur principal.		1
Conducteurs d'artillerie.		3
Chef d'artifices.		1
	TOTAL.....	14

DÉSIGNATION DE L'ARME.	NUMÉROS des régiments.	COMPAGNIES.	COMPLET.	EMPLACEMENT.	PRÉSENTS.
Artillerie à pied.	5e.....	1/2 de la 6e	52	2e aile.....	50
		17e	104	3e aile.....	99
Ouvriers.	1e.....	1/2 comp.	52	Boulogne..	23
		1 escouade.	»	2e aile.....	26
		1 —	»	3e aile.....	26
Pontonniers.	1er bat...	3e	104	Boulogne..	86
Armuriers, détachement.	»	»	»	»	12
Train.	1er *bis*...	4e	102	Ambleteuse.	78
	2e.....	1re	102	Boulogne..	80
		2e	102	Id.....	80
	3e.....	2e	102	Id.....	83
		3e	102	Ambleteuse.	79
				TOTAL.	521

Récapitulation du corps du centre.

DÉSIGNATION DES CORPS.		OFFICIERS.	PRÉSENTS.	AUX HÔPITAUX.	CHEVAUX de troupes.	CHEVAUX d'artillerie.
État-major		65	97	»	97	»
1re division	Officiers d'état-major	20	»	»	»	»
	Troupes	»	8,240	253	»	»
	Chevaux d'artillerie	»	»	»	»	200
2e division	Officiers d'état-major	20	»	»	»	»
	Troupes	»	8,764	372	»	»
	Chevaux d'artillerie	»	»	»	»	200
3e division	Officiers d'état-major	20	»	»	»	»
	Troupes	»	6,927	721	»	»
	Chevaux d'artillerie	»	»	»	»	200
4e division	Officiers d'état-major	20	»	»	»	»
	Troupes	»	6,285	409	»	»
	Chevaux d'artillerie	»	»	»	»	200
Brigade de cavalerie.	Officiers d'état-major	14	»	»	»	»
	Troupes	»	1,002	7	674	»
Réserve d'artillerie.	Troupes	»	102	5	»	»
Parc d'artillerie.	Officiers	11	»	»	»	»
	Troupes	»	521	20	»	»
	Chevaux d'artillerie	»	»	»	»	501
TOTAL		173	31,938	1,787	771	1,301

État-major du corps de gauche.

Général commt en chef.	M. le maréchal Ney	1
Aides de camp	Chabé, chef d'escadron	1
	Béchet, chef d'escadron	1
	Grandemanche, capitaine	1
	Lamour, capitaine	1
	Vogt, sous-lieutenant	1
Général de brigade, chef d'état-major	Dutaillis	1
Adjudants-commandants	Mallerot	1
	Lefol	1
	Lacroix	1
Adjoints à l'état-major.	Labrume, capitaine	1
	Caboche	1
	Buchet	1
	Ulliac	1
	Barbut	1

Adjoints à l'état-major (*suite*)...........	FONTAINE..........................	1
	BRUE..............................	1
	RIPPERT, chef d'escadron..................	1
	LEGRAND, chef d'escadron..................	1
	BIDAT, chef de bataillon..................	1

ARTILLERIE.

Général de brigade commandant.........	LEROUX...............................	1
Aides de camp.......	REGNARD, capitaine..................	1
	BRUNEL, lieutenant..................	1
Général de brigade, command. en second.	SAINT-LAURENT........................	1
Aides de camp.......	CHAVIGNOT, capitaine..................	1
	CASTILLE, capitaine..................	1
Colonel, chef de l'état-major, commandant la réserve........	BIQUELLEY........................	1
Adjoints à l'état-major de l'artillerie......	MARTIN, capitaine..................	1
	VARENNES, adjoint..................	1
	TOTAL.....	31

Général de brigade commandant le génie..........................		1
Colonel commandant en second et de parc, CAZALS..................		1
Chef de bataillon, chef d'état-major, BOUVIER......................		1
Officiers adjoints.....	LAFARELLE..........................	1
	BOUDHORT..........................	1
Chef d'escadron de gendarmerie ayant la police du camp, JAMERON.....		1
Inspecteur aux revues.	MONARD..............................	1
Commissaire ordonnateur en chef......	MARCHANT............................	1
Commissaires des guerres.........	ROBERT............................	1
	CAYROL............................	1
	DUVAL............................	1
		57

Gendarmerie........	Lieutenant............................	1
	Quartier-maître........................	1
	Hommes............................	97
	TOTAL.....	156

ADMINISTRATION.

Vivres-pain.........	DESGRANGES, directeur.
Vivres-viande.......	BERRIER, directeur.
Administration des hôpitaux...........	FORGET, directeur.
Service de santé.....	LACHAPELLE.
Chauffage et lumière..	LEVERT.

Trésorerie..........	Mayonne.
Équipages militaires..	Transports. Vivres, Thierry, sous-directeur. Ambulance, Mora, capitaine.

État-major de la 1re division du corps de gauche.

Général de division...	Dupont..................................	1
Aides de camp.......	Deconchy, chef de bataillon.................	1
	Morin, chef d'escadron......................	1
	Dupin, lieutenant...........................	1
Général de brigade...	Marchant...............................	1
Aides de camp......	Marchant, capitaine..........................	1
	Caillemer, capitaine..........................	1
Général de brigade...	Rouyère................................	1
Aides de camp.......	Henrion, capitaine...........................	1
	Dedeine, capitaine...........................	1
Adjudant-commandant	Duhamel................................	1
Officiers adjoints.....	Favery.................................	1
	Vanot..................................	1
Artillerie...........	Villeneuve, chef de bataillon..............	1
	Leclerc, adjoint............................	1
Génie.............	Declos, capitaine...........................	1
	Chausenque, lieutenant.......................	1
Sous-inspecteur aux revues..........	Thinus..................................	1
	Total.....	20

ADMINISTRATION.

Vivres-pain.........	Lapanetière, inspecteur.
Vivres-viande.......	Salmon, inspecteur.
Fourrages..........	Astier, inspecteur.
Administration des hôpitaux...........	Hanneton, économe.
Service de santé.....	Ballard, médecin.
Habillement et campement............	Nicolle.
Chauffage et lumière..	Buisson.
Poste aux lettres.....	Minard.
Équipages militaires..	Transports. Vivres. Ambulance.

Troupes de la 1re division du corps de gauche.

Désignation des corps.	Colonels.	Chefs de bataillon.	Situation des bataillons de guerre. Bataillons.	Compagnies.	Complet.	Emplacement.	Présents.	Dépôts. Emplacement.	Présents.	Aux hôpitaux.
9e légère.	Meunier...	Barrère... Regeau....	2	»	1,860	Camiers...... 1re aile.......	430 1,400	Charleville. Mézières...	598 »	35 »
32e de lig.	Darrican..	Sudrier... Bouge.....	2	»	1,860	Camiers......	1,681	Vincennes..	414	16
96e de lig.	Barrois...	Moulin...	2	»	1,860	»	1,721	Trèves....	551	23
Artillerie à pied, 1er régiment......				6e	104	»	93	»	»	»
Train d'artillerie, 5e bat. principal.				1re	102	Montreuil.....	74	»	»	»
				2e	102	Id........	69	»	»	»
Troupes du génie attachées à l'état-major du corps de gauche.										
Sapeurs, 5e bataillon...........				5e	104	Au corps de gauche.	94	»	»	»
					52	»	»	»	»	»
Mineurs......................				9e	104	Au corps de gauche.	98	»	»	»
						Total............	4,260	Total...	1,563	74

2e division du corps de gauche.

Général de division..	Loison............................	1
Aides de camp......	Micheau, chef de bataillon................	1
	Coisel, capitaine........................	1
	Lagé, lieutenant........................	1
Général de brigade...	Roguet............................	1
Aide de camp.......	Ducros............................	1
Général de brigade...	Villatte............................	1
Aides de camp......	Hantz............................	1
	Chalier............................	1
Adjudant-commandant	Hamelinaye............................	1
Officiers adjoints....	Saint-Léger, capitaine..................	1
	Chenaud, lieutenant.....................	1
Artillerie...........	Morial, chef de bataillon.................	1
	Simon, adjoint..........................	1
Génie............	Errard, capitaine.......................	1
	Patris, lieutenant.......................	1

Sous-inspecteur aux revues	DAUTEL	1
Commissaires des guerres	ISEMBERT	1
	DAUDY	1
	TOTAL	20

ADMINISTRATION.

Vivres-pain	ROUSIGNERE, inspecteur.
Vivres-viande	PELY, inspecteur.
Fourrages	ROUGIER-LAGOREL, inspecteur.
Administration des hôpitaux	DREUX, économe.
Service de santé	HÉRIARD, médecin.
Habillement et campement	COGNIARD.
Chauffage et lumière	CHATELAIN.
Poste aux lettres	ROBERT, directeur.
Equipages militaires	Transports, SAZIAS. Vivres, AZEMAT. Ambulance, ROUGE.

Troupes de la 2ᵉ division du corps de gauche.

DÉSIGNATION des corps.	COLONELS.	CHEFS de BATAILLON.	SITUATION DES BATAILLONS DE GUERRE. BATAILLONS.	COMPAGNIES.	COMPLET.	EMPLACEMENT.	PRÉSENTS.	DÉPOTS. EMPLACEMENT.	PRÉSENTS.
6ᵉ légère.	LAPLANE	NION GROSLAIN	2	»	1,860	Étaples	434	Givet	578
39ᵉ de lig.	MAUCUNE	VALHIADE. MOIROUD.	2	»	1,860	Id.	1,688	Lille	375
69ᵉ de lig.	BRUN	CLOUARD. MAGNE.	2	»	1,860	Id.	1,749	Luxembourg	475
76ᵉ de lig.	LAJONQUIÈRE	LENUD. LOZIVY.	2	»	1,860	Id.	1,847	Juliers	819
Artillerie à pied, 1ᵉʳ régiment				9ᵉ	104	Montreuil	99	»	»
Train d'artillerie.	5ᵉ bataillon principal			3ᵉ	102	Verton	70	»	»
				4ᵉ	102	Etaples	68	»	»
Sapeurs, 5ᵉ bataillon				1/2 de la 7ᵉ	52	Au corps de gauche	48	»	»
						TOTAL	6,003	TOTAL	2,247

3e division du corps de droite.

Général de division...	MALHER	1
Aides de camp.......	COCHET, chef de bataillon	1
	DEBOULARD, capitaine	1
	MARION, capitaine	1
Général de brigade...	MARCOGNET	1
Aides de camp.......	DELOSME, capitaine	1
	JORRY, lieutenant	1
Général de brigade...	LABASSÉE	1
Aides de camp.......	REBOULLEAU, lieutenant	1
	POUDRE, lieutenant	1
Adjudant-commandant	STABENRATH	1
Officiers adjoints.....	JOURDAIN	1
	LAGENNETIÈRE	1
Artillerie...........	CARON, chef de bataillon	1
	EUMOND, capitaine	1
Génie..............	WARENGHIEN, capitaine	1
	PAILLARD-DUTERTRE, lieutenant	1
Sous-inspecteur aux revues...........	MALUS	1
Commissaires des guerres.........	MENET	1
	LOMBARD, adjoint	1
	TOTAL.....	20

ADMINISTRATION.

Vivres pain.........	MAILLARD, inspecteur.
Vivres-viande.......	CUVILLIER, inspecteur.
Fourrages..........	VIETTE, inspecteur.
Administration des hôpitaux...........	DEAU, économe.
Service de santé.....	LEROUX, médecin.
Habillement et campement............	GUYART.
Chauffage et lumière..	MOURAUX.
Équipages militaires..	Transports, DEVILLE.
	Vivres, DEREPAS.
	Ambulance, NICOL.

voir errata

Troupes de la 3e division du corps ~~du centre~~ de gauche.

DÉSIGNATION des corps.	COLONELS.	CHEFS de BATAILLON.	SITUATION DES BATAILLONS DE GUERRE. BATAILLONS.	COMPAGNIES.	COMPLET.	EMPLACEMENT.	PRÉSENTS.	DÉPOTS. EMPLACEMENT.	PRÉSENTS.
22e légère.	MOREL....	FRAPPARD.... DAUBY.......	2	»	1,860	Fromesen..	1,663	Verdun.... ...	792
27e de lig.	BARDET....	MICHAU...... PRÉV.-St-CYR.	2	»	1,860	St-Josse (1)	1,771	Huningue.....	474
50e de lig.	LAMARTINIÈRE.	JUILLET..... MARTIN......	2	»	1,860	Fromesen..	372	Lille.........	310
59e de lig.	LACUÉE-GÉRARD.	ROUGÉ...... SILBERMANN..	2	»	1,860	Fromesen..	1,781	Luxembourg..	474
Artillerie à pied, 1er régiment.........				10e	104	Escuire....	98	»	»
Train d'artillerie. 3e bataillon *bis*..........				4e	102	Étaplos....	70	»	»
Train d'artillerie. 5e bataillon principal......				5e	102	Montreuil..	70	»	»
Sapeurs, 5e bataillon...............				7e	52	au corps de gauche.	48	»	»
						TOTAL...........	5,879	TOTAL.....	2,050

(1) Y compris 61 hommes arrivés le 10 fructidor.

État-major de la brigade de cavalerie du corps de gauche.

Général de division...	FILLY..................................	1
Aides de camp......	LAMOTTE, chef d'escadron...................	1
	DHENNEZEL, sous-lieutenant..............	1
Général de brigade...	DUPRÉ.................................	1
Aide de camp.......	LECLERC, lieutenant.........................	1
Adjudant-commandant	LIGER-BELAIR..........................	1
Capitaine adjoint....	LANUSSE...............................	1
Génie.............	JARRY, capitaine.........................	1
Ss-inspecteur aux revues	DROLENVAUX............................	1
Adjoint..........................		1
	TOTAL.....	11

Troupes de la brigade de cavalerie du corps de gauche.

CORPS.	COLONELS.	CHEFS D'ESCADRON.	ESCADRONS.	COMPLET.	EMPLACEMENT.	PRÉSENTS.	EMPLACEMENT.	PRÉSENTS.
10e chasseurs	COLBERT...	QUILLET...	3	480	Montreuil.	471	Provins.	143
3e hussards..	LEBRUN...	ROUSSEAU..	3	480	Id.	471	Chartres.	219
					TOTAL........	942	TOTAL...	362

Réserve d'artillerie du corps de gauche.

DÉSIGNATION DES CORPS.	NUMÉROS des RÉGIMENTS.	COMPAGNIES.	COMPLET.	EMPLACEMENT.	PRÉSENTS.
Artillerie à pied	1er	1/2 de la 11e	52	Montreuil	49
Artillerie à cheval	2e	1re	84	Dannes	99
		2e	84	Au corps de gauche.	89
Armuriers, détachement	»	»	»	Montreuil	9
				Total	286

Parc d'artillerie du corps de gauche.

Colonel, directeur	WILLANTROYS	1
Chef de bataill., sous-directeur	CHATENET	1
Adjoints	THIEULLE	1
	SCHOEFFER	1
Inspecteur du train	ROMANGIN	1
	Total	5

DÉSIGNATION DES CORPS.	NUMÉROS des RÉGIMENTS.	COMPAGNIES.	COMPLET.	EMPLACEMENT.	PRÉSENTS.
Artillerie à pied	1er	1/2 de la 11e	52	Montreuil	49
		»	104	»	»
Ouvriers d'artillerie	»	1/2	52	Étaples	36
Pontonniers	1er bat.	1/2 de la 2e	52	Étaples	44
Armuriers, détachement	»	»	»	Montreuil	11
Train	2e *bis*	4e	102	1/3 Ambleteuse	80
	3e *bis*	5e	102	2/3 Étaples	66
Ouvriers du train, détachement	»	»	»	Au corps de gauche.	11
				Total	297

Récapitulation du corps de gauche.

DÉSIGNATION DES CORPS.		OFFICIERS.	PRÉSENTS.	AUX HÔPITAUX.	CHEVAUX de troupes.	CHEVAUX d'artillerie.
État-major		59	97	»	97	»
1re division.	Officiers d'état-major	20	»	»	»	»
	Troupes	»	4,260	322	»	209
2e division.	Officiers d'état-major	20	»	»	»	»
	Troupes	»	6,003	315	»	204
3e division.	Officiers d'état-major	20	»	»	»	»
	Troupes	»	5,879	427	»	204
Brigade de cavalerie.	Officiers d'état-major	14	»	»	»	»
	Troupes	»	942	32	734	»
Réserve d'artillerie.	Troupes	»	246	4	»	»
Parc d'artillerie.	Troupes	9	297	8	»	»
TOTAL		142	17,724	1,108	831	820

ARMÉE DES COTES DE L'OCÉAN.

Situation du 1er corps d'armée détaché au 1er fructidor an XIII

ÉTAT-MAJOR GÉNÉRAL.

Commandant en chef.	MARMONT, colonel général des chasseurs	1
Aides de camp	DESVAUX, colonel	1
	RICHEMONT, chef d'escadron	1
	GAYET, capitaine	1
	FÉRY, capitaine	1
	LECLERC, capitaine	1
	CHATRY-LAFOSSE, lieutenant	1
Général de division	VIGNOLLES, chef de l'état-major général	1
Aides de camp	MEINADIER, capitaine	1
	BOISSAC, capitaine	1
Adjudant-commandant	DELORT, sous-chef de l'état-major	1
A la suite de l'état-major	BLONDEAU, chef de bataillon	1
	DELOSME, chef de bataillon	1
	FERRIÈRE, chef d'escadron	1
	PREZBENDOWSKI, chef d'escadron	1

Officiers adjoints	Bigex, capitaine	1
	Charroy, capitaine	1
	Ruthyl, capitaine	1
	Delachasse, capitaine	1
	Jardet, capitaine	1
	Huguet-Chataux, capitaine	1
Général de brigade	Tirlet, commandant l'artillerie	1
Aides de camp	Demay	1
	Coustailloux	1
Colonel chef de l'état-major de l'artillerie.	Foy	1
Général de division	Léry, commandant le génie	1
Aides de camp	Legardeur, capitaine	1
	Waters, lieutenant	1
Colonel commandant en second le génie	Somis	1
Gendarmerie	Combes, chef d'escadron, commandant	1
Inspecteur et ordonnateur en chef	Aubernon	1
Commissaires des guerres	Guyon	1
	Fiauve	1
	Stanislas Huc	1
Adjoints	Burel	1
	Aubernon	1
	Dubouchet	1
	Total	99

1re division.

Général de division	Boudet	1
Aides de camp	Ducheyron, chef de bataillon	1
	Lespiant, capitaine	1
	Kerbout, lieutenant	1
Général de brigade	Cassagne	1
Aides de camp	Bureau, capitaine	1
	Choisy, lieutenant	1
Général de brigade	Soyez	1
Aide de camp	Goldenberg	1
Adjudant-commandant	Dugommier	1
Aides de camp	Enée	1
	Sainjal	1
Sous-inspecteur aux revues	Chénier	1
Commissaire des guerres	Godard	1
	Total	14

DÉSIGNATION DE L'ARME.	NUMÉROS des régiments.	BATAILLONS.	EMPLACEMENT.	PRÉSENTS.	AUX HÔPITAUX.	EFFECTIF.
						hommes.
Infanterie légère..	18e	2	Escadre du Texel.	1,463	91	1,554
Infanterie de ligne.	11e	3	Id.	2,201	60	2,261
	35e	2	Id.	1,650	98	1,748
TOTAL				5,314	249	5,563

2e division.

Général de division...	GROUCHY	1
Aides de camp......	DUPUY, chef de bataillon	1
	GRIMALDI, lieutenant	1
	FONTENILLE, sous-lieutenant	1
Général de brigade...	LACROIX	1
Aide de camp.......	MIRDOUDAY, capitaine	1
Général de brigade...	DELZONS	1
Aide de camp.......	MIQUEL, capitaine	1
Adjudant-commandant	MASSABEAU	1
Adjoints...........	CHALVIN, capitaine	1
	RANVEZ, capitaine	1
Sous-inspecteurs aux revues..........	DUPEREUX	1
	DESCHAMPS	1
	TOTAL.....	13

DÉSIGNATION DES CORPS.	NUMÉROS des régiments.	BATAILLONS.	ESCADRE ET EMPLACEMENT.	PRÉSENTS.	DÉTACHÉS.	AUX HÔPITAUX.	HOMMES.
Inf. de ligne.	84e	3	Escadre du Texel...	2,079	70	88	2,237
Id.	92e	3	»	2,400	1	137	2,538
TOTAL				4,479	71	225	4,775
Troupes bataves commandées par le général de brigade GRATIEN.							
GALLIEN, capitaine. } Aides de camp.							
MICHELIN, id.							
Inf. de ligne.	6e	1er et 2e	Campé près le Helder.	1,133	»	162	1,295
TOTAL GÉNÉRAL				5,612	71	387	6,070

3e division (Bataves).

Lieutenant général...	DUMONCEAU	1
Aides de camp	ROUGET, lieutenant	1
	SUDEN, major	1
Général major.......	QUAITA	1
Aides de camp	VANTROXEL, lieutenant-colonel	1
	KEYSER, capitaine	1
Général major.......	VANHADEL	1
Aides de camp	SCHINDLER, lieutenant	1
	VAN NYWENHEIM, lieutenant	1
Adjudant-commandant	VICHERY	1
Officiers adjoints.....	PLAFFENRATH, major	1
	VILLERS, major	1
	BECKMANN, capitaine	1
	VANHEILMANN, capitaine	1
	VAN LOHAUSEN, capitaine	1
	SAINT-RÉMY, lieutenant	1
	PLATOMUS, lieutenant	1
	SCHNEILHER, lieutenant	1
	WEITZEL, lieutenant	1
	BEHU, lieutenant	1
Commissaire des guerres.........	VANARDEMBURG	1
	TOTAL.....	21

Troupes bataves.

DÉSIGNATION des CORPS.	NUMÉROS des régiments.	BATAILLONS.	EMPLACEMENT.	PRÉSENTS.	AUX HÔPITAUX.	EFFECTIF. Hommes.	EFFECTIF. Chevaux.
Infanterie légère..	1er	1er	Escadre du Texel	661	»	664	»
	2e	2e	»	610	37	647	»
»	1er	1er et 2e	»	1,244	65	1,309	»
»	2e	Id.	»	1,131	107	1,238	»
»	6e	Id	»	1,209	88	1,297	»
Rég. Waldeck....	»	Id.	»	1,190	42	1,232	»
Dragons.........	1er	2 escadr.	»	290	»	290	290
Hussards........	1er	Id.	»	323	2	290	290
Pontonniers, dét.	»	»	»	30	»	»	»
			TOTAL..............	6,691	341	7,032	580

Division de cavalerie.

Général de brigade...	Sébastiani	1
Aides de camp	Lagrange, lieutenant	1
	Curnieux, lieutenant	1

DÉSIGNATION des CORPS.	NUMÉROS des régiments.	ESCADRONS.	EMPLACEMENT.	PRÉSENTS.	AUX HÔPITAUX.	EFFECTIF. Hommes.	EFFECTIF. Chevaux.
Chasseurs....	8e	3e	Escadre du Texel.	609	16	625	376
Hussards....	6e	3e	»	555	12	567	384
Gendarmerie, 1re compag.	»	»	Husdussen... 38 Esc. du Texel. 62	100	»	100	88
Total..................				1,264	28	1,292	848

ARTILLERIE.

Colonel...........	Aboville	1
Majors...........	Braun	1
	Montcabrié	1
Chefs de bataillon....	Mongenet	1
	Levavasseur	1
Capitaines..........	Lalombardière	1
	Michel	1
	Bournique	1
	Cayot	1
	Renaudot	1
	Poinsot	1
	Garnier	1
	Schouller	1
	Gosset	1

GÉNIE.

Chef de bataillon....	Rouziès	1
Capitaines..........	Lami	1
	Bourceret	1
	Boutin	1
	Philibert	1
	Truillier	1
	Total.....	20

Artillerie et génie.

DÉSIGNATION des CORPS.	NUMÉROS des régiments.	COMPAGNIES.	EMPLACEMENT.	PRÉSENTS.	AUX HÔPITAUX.	EFFECTIF. Hommes.	Chevaux.
Artillerie à pied.	8e	3e	Escadre du Texel.	79	12	91	»
		4e	»	90	1	91	»
		7e	»	82	7	89	»
		9e	»	91	»	91	»
Ouvriers d'artill.	»	8e, 1/2	»	44	1	45	»
Train d'artillerie	7e bat. bis.	1re	»	102	4	106	151
		2e	»	93	2	95	145
		3e	»	76	3	79	100
		4e	»	72	3	75	131
		5e	»	71	4	75	»
		6e	»	83	2	85	96
		Ouvriers.	»	19	»	19	»
Sapeurs.......	4e	7e	»	94	4	98	»
Mineurs.......	»	4e	»	72	2	74	»
TOTAL....................				1,068	45	1,113	623
Artillerie batave.							
Artillerie à pied...	»	5e	»	460	1	401	»
Artillerie à cheval.	»	1re	»	119	1	120	58
Train d'artillerie.	»	4e	»	281	21	302	251
TOTAL GÉNÉRAL......................				1,928	68	1,996	932

Récapitulation du 1er corps d'armée détaché.

DÉSIGNATION DES CORPS.	PRÉSENTS.	DÉTACHÉS.	AUX HÔPITAUX.	EFFECTIF. Hommes.	Chevaux.
État-major. { Français. 89 / Bataves.. 24 }	113	»	»	113	»
1re division............	5,314	»	249	5,563	»
2e —	5,612	71	387	6,070	»
3e — (batave).......	6,691	»	341	7,032	580
Division de cavalerie......	1,264	»	28	1,292	848
Artillerie et génie.........	1,928	»	68	1,996	932
TOTAL GÉNÉRAL...	20,922	71	1,073	22,066	2,360

Situation du 2e corps d'armée détaché à l'époque du 15 thermidor an XIII.

ÉTAT-MAJOR GÉNÉRAL.

M. le maréchal AUGEREAU		1
Aides de camp	ALBERT, adjudant-commandant	1
	SICARD, colonel	1
	BRAMM, chef d'escadron	1
	MASSI, chef d'escadron	1
	CHEVTEL, capitaine	1
	MAINVIELLE, lieutenant	1
	MARBOT, lieutenant	1
Général de brigade	MÉNARD, employé à l'état-major général	1
Aides de camp	BER, capitaine	1
	TRAUERT, capitaine	1
Général de brigade	LESUIRE, venant de Parme	1
Adjudants-commandants	PORSON, employé à l'état-major général	1
	ROUYER, employé à l'état-major général	1
A la suite de l'état-major	GRESSOT, chef de bataillon	1
	FOUQUES, chef de bataillon	1
	BLAKWELL, chef de bataillon	1
	GRUNDLER, chef de bataillon	1
	PIQUET, chef d'escadron	1
	DONADIEU, chef d'escadron	1
Adjoints	LIGNAC, capitaine	1
	GARNIER, capitaine	1
Général de division	DORSNER, commandant l'artillerie	1
Aides de camp	DUPREY, capitaine	1
	PRÉVOST, capitaine	1
Commandant le génie	LAGASTINE, colonel	1
Commandant la gendarmerie	DENOUAL, lieutenant	1
Vaguemestre général	MAURIN, capitaine	1
Sous-inspecteur aux revues	GARRAU	1
Ordonnateur en chef	NOURY	1
Commissaires des guerres	BANNAL	1
	DUMESNIL	1

1re division.

Général de division...	Maurice MATHIEU	1
Aides de camp	MARTELET, chef d'escadron	1
	COURTIER, capitaine	1
	LE JEAN, sous-lieutenant	1
Général de brigade...	SARRAZIN, commandant le camp de Kérautrec, en avant de la rade de Brest	1
Aides de camp	FRICOT, capitaine	1
	LALOBE, lieutenant	1
Général de brigade...	AUGEREAU, commandant le camp de Créakmure, en avant de la rade de Brest	1
Aides de camp	NICOLAS, capitaine	1
	BRO, lieutenant	1
Adjudant-commandant	TRINQUALY	1
Officiers adjoints	PERRARD, capitaine	1
	RAPIN, capitaine	1
Sous-inspecteur aux revues	BERNARD	1
Commissaire des guerres	VERNET	1
	TOTAL	15

1re division.

DÉSIGNATION DES CORPS.	NUMÉROS des régiments.	BATAILLONS OU COMPAGNIES.	EMPLACEMENT.	PRÉSENTS.	DÉTACHÉS.	AUX HÔPITAUX.	HOMMES.	OBSERVATIONS.
Infant. de ligne.	44e	1er et 2e	A Lesneven. 1,258 Embarqués à Granville. 71 (Non compris 164 prisonniers de guerre.)	1,329	»	37	1,366	MATÉRIEL D'ARTILLERIE ATTACHÉ A CHAQUE BATTERIE. *Batterie Sarrazin.* 20 pièces de 36 en fer, tirant des boulets sur l'angle 45o. 10 mortiers de 12 pouc. 2 pièces de 36 en fer sur affûts de côtes. 2 pièces de 24. 300 bombes. 300 boulets creux. 120 boulets pleins. 1000 kilogr. de poudre. *Batterie Augereau.* 18 pièces de 36 en fer, tirant des boulets creux sur l'angle 45o. 4 pièces de 36. 12 mortiers de 12 pouc. 600 bombes. 300 boulets creux. 60 pleins. 1000 kilogr. de poudre.
	65e	1er et 2e	A Brest et Ouessant. .... (Non compris 286 hommes détachés sur l'escadre de Brest comme troupes d'équipages.)	1,136	»	45	1,181	
TOTAL.................				2,465	»	82	2,547	
			Batterie Sarrazin.					
Infant. de ligne.	63e	1er	A Kérautrec......	660	47	62	769	
Sapeurs.......	4e	1/2 de la 2e	»	44	»	2	46	
Artillerie à pied.	3e	4e	»	65	»	2	67	
TOTAL................				769	47	66	882	
			Batterie Augereau.					
Infant. de ligne.	63e	1er	A Creakmurc.....	707	62	61	830	
Artillerie a pied.	3e	5e	»	70	»	2	72	
Sapeurs, 4e bat.	»	1/2 de la 2e	»	44	»	»	45	
Mineurs.......	»	7e	»	15	»	»	15	
TOTAL...............				836	62	63	962	
TOTAL GÉNÉRAL.....................				4,070	109	211	4,391	

2ᵉ division.

Général de division.	DESJARDINS	1
Aides de camp	GAUSSARD, chef de bataillon	1
	GAUTHIER, capitaine	1
	BERTHELA, lieutenant	1
Général de brigade	VARÉ, commandant le camp de Toulbrock, en avant de la rade de Brest	1
Aide de camp	CURNILLON, capitaine	1
Général de brigade	SARRUT, commandant le camp de Toulinguet, en avant de la rade de Brest	1
Aides de camp	DHUIC, capitaine	1
	VANROSHEIM, capitaine	1
Adjudant-commandant	MAC-SEHEEY	1
Officiers adjoints	SIX, capitaine	1
	FOUSCHARD, capitaine	1
Commissaire des guerres adjoint.	CLARAE	1
	TOTAL	13

DÉSIGNATION DES CORPS.	NUMÉROS des régiments.	BATAILLONS ou COMPAGNIES.	EMPLACEMENT.	PRÉSENTS.	DÉTACHÉS.	AUX HÔPITAUX.	HOMMES.	OBSERVATIONS.
Infant. légère	16ᵉ	3 bat.	Brest	2,051	76	149	2,276	MATÉRIEL D'ARTILLERIE ATTACHÉ A CHAQUE BATTERIE.
Infant. de ligne.	105ᵉ	1ᵉʳ	Quimper	845	»	28	873	
TOTAL				2,896	76	177	3,149	
Batterie Varé.								*Batterie Varé.*
Infant. de ligne.	70ᵉ	1ᵉʳ	Toulbrock. (Non compris 139 hommes détachés sur l'escadre de Brest comme troupes d'équipages.)	666	»	27	693	20 pièces de 36 en fer, tirant des boulets creux sur l'angle 45°. 4 de 36 sur affûts de côtes. 10 mortiers de 12 pouc. 300 bombes.
Sapeurs, 4ᵉ bat.	»	1/2 de la 4ᵉ	»	41	»	1	45	300 boulets creux. 120 boulets pleins.
Mineurs	»	7ᵉ	»	15	»	»	15	1000 kilogr. de poudre.
TOTAL				725	»	28	753	
Batterie Sarrut.								*Batterie Sarrut.*
Infant. de ligne.	105ᵉ	2ᵉ	Toulingouet	659	»	45	701	18 pièces de 36 en fer, tirant des boulets creux sur l'angle 45°.
Artillerie à pied.	3ᵉ	15ᵉ	»	60	»	5	65	
Canonn. garde-côtes	»	»	»	20	»	»	20	4 pièces de 24 en fer sur affûts de côtes.
Sapeurs, 4ᵉ bat.	»	1/2 de la 4ᵉ	»	43	»	1	44	12 mortiers de 12 pouc. 600 bombes.
Mineurs	»	7ᵉ	»	15	»	»	15	300 boulets creux. 120 boulets pleins.
TOTAL				797	»	51	848	1000 kilogr. de poudre.
TOTAL GÉNÉRAL de la 2ᵉ division				4,418	76	256	4,750	

Troupes irlandaises.

DÉSIGNATION DES CORPS.	RÉGIMENTS.	COMPAGNIES.	EMPLACEMENT.	PRÉSENTS.	CONGÉS.	AUX HÔPITAUX.	EFFECTIFS HOMMES.	EFFECTIFS CHEVAUX.
Général de brigade, HARTY. HASTREL, adjudant-commandant. — SIMMERY, capitaine aide de camp. MARTEVILLE, capitaine adjoint.								
1er bat. irlandais.	»	»	Quimper, officiers... / Id. soldats...	63 / 24	»	»	87	»
Division de cavalerie. Général de brigade, BONARDI SAINT-SULPICE. Adjud.-commandant, FONTAINES. — NOIROT et DESARGUES, aides de camp. MARÉCHAL, capitaine adjoint.								
Chasseurs. 3e escadron...	7e	»	Brest et Crozon....					
Chasseurs. 3e escadron...	16e	»	Employé dans la 14e division militaire à Bayeux et sur les côtes.	500	»	»	500	429
Chasseurs. 3e escadron...	20e	»	Employé à Napoléon-Ville, 13e direction militaire.........					
Artillerie à cheval.	6e	»	»	94	»	5	99	37
Ouvr. d'artillerie.	»	1/2 de la 6e	»	68	»	5	73	»
Mineurs (1)......	»	1re	»	190	»	4	113	108
Id............	»	3e	»	111	»	3	114	109
Id............	»	7e	»	42	»	4	46	»
			TOTAL..........	425	»	21	445	254

(1) Non compris 45 hommes détachés aux batteries Augereau, Varé et Sarrut.

ARTILLERIE.

Colonel............	DHERVILLE................................	1
Chefs de bataillon....	DARDENNES................................	1
	LEHAUT................................	1
Garde principal	LIMAGE................................	1
Capitaine	BRAQUIS................................	1
Conducteur principal..	RICHEY................................	1

Conducteurs	Féry	1
	Gardet	1
	Chamberland	1
	Bourlois	1
Chef artificier	Lemaire	1
Ouvriers vétérans	François	1
	Schaffer	1

GÉNIE.

Capitaines	Joffrenot	1
	Lesecq	1
Garde	Toubin	1
	Total	16

Récapitulation du 2e corps d'armée détaché.

DÉSIGNATION DES CORPS.	PRÉSENTS.	CONGÉS.	AUX HÔPITAUX.	EFFECTIFS.	
				HOMMES.	CHEVAUX.
État-major	93	»	»	93	»
1re division	4,070	109	212	4,391	»
2e division	4,418	76	256	4,750	»
Troupes irlandaises	87	»	»	87	»
Division de cavalerie	500	»	»	500	429
Artillerie et génie	424	»	»	445	254
Total	9,592	185	489	10,266	683

État-major de la réserve.

Général commandant en chef	Son Altesse Impériale le prince Louis	1
Aides de camp	Broc, colonel	1
	Caulaincourt, colonel	1
	Bernard, capitaine	1
	Wolff, capitaine	1
	Donnat, capitaine	1
	Morio, capitaine	1
	Mesangère, capitaine	1

ARTILLERIE.

Général de brigade commandant	Hanicque	1
Aide de camp	Bontemps, capitaine	1

GÉNIE.

Colonel commandant.	FLAYELLE	1
Chef de bataillon chef d'état-major	GEOFFROY	1
Officier à la disposition du général en chef :		
Général de brigade	MILHAUD	1

1re division de la réserve.

Général de division	BARAGUEY-D'HILLIERS	1
Aides de camp	COUSSAUD, capitaine	1
	GUIBOURG, lieutenant	1
	MEULAN, lieutenant	1
Général de brigade	MILET, commandant la 1re brigade à pied de droite	1
Aides de camp	SERVAN	1
	COMBES	1
Général de brigade	BOUSSARD, commandant la 2e brigade à pied de gauche	1
Aides de camp	CHAILLOT	1
	VIDAL	1
Adjudant-commandant	DEMBOUSKI	1
Officiers adjoints	BEDOS	1
	PINTHON	1

GÉNIE.

Capitaines	JAVAIN	1
	CLERGET	1
Lieutenant	MERMET	1
Ss-inspectr aux revues.	REYBAUD	1
Commissaire des guerres adjoint.	FROMANT	1
	TOTAL	20

ADMINISTRATION.

Vivres-pain	BLUYSSEN.
Fourrages	MASSÉE.
Administration des hôpitaux	CAMBRY.
Service de santé	DUREAU.
Habillement et campement	POULAIN.
Chauffage et lumière	NICOT.
Poste aux lettres	BAIL.
Equipages militaires	Transports, SEVES.
	Vivres, DESTON.
	Ambulance, SIG.

1re division de la réserve.

RÉGIMENTS.	COLONELS.	BATAILLONS.	CHEFS de BATAILLONS.	CORPS.	COMPAGNIES.	COMPLET.	EMPLACEMENT.		PRÉSENTS.	AUX HÔPITAUX.
De la 1re division de dragons.										
1er	PRIVÉ	1er	LACLÈDE	1er	2	300	Camp de St-Pierre.	297	1,186	22
				2e	2	300	» 197	296		
				20e	1	150	» 99			
		2e	COULON	14e	2	300	» 247	296		
				20e	1/2	75	» 49			
				19e	2	300	» 246	297		
				20e	1/2	75	» 51			
2e	WALTIER	1er	CASENEUVE	4e	2	300	»	297	1,191	14
				13e	2	300	»	298		
		2e	GROUVEL	10e	2	300	»	298		
				11e	2	300	»	298		
De la 2e division de dragons.										
1er	LEBARON	1er	SAINGLAUS	3e	2	300	Camp de St-Pierre.	303	907	21
				6e	1	150	»	150		
		2e	TRAVERS	5e	2	300	»	308		
				6e	1	150	»	151		
2e	BECKLER	1er	LEBRUN	8e	2	300	»	303	1,213	19
				9e	2	300	»	304		
		2e	DUVIVIER	12e	2	300	»	303		
				21e	2	300	»	303		
3e	BARTHÉLEMY	1er	RESET	15e	2	300	»	300	1,203	32
				16e	2	300	»	301		
		2e	RUAT	17e	2	300	»	301		
				18e	2	300	»	301		
De la division de cavalerie légère.										
»	PULTIÈRE	1er	Chasseurs	2e	2	160	Calais	155	946	39
				21e	2	160	»	154		
			Hussards	10e	2	160	»	153		
		2e	Chasseurs	12e	2	160	»	162		
				13e	2	160	»	155		
			Hussards	9e	2	160	»	169		
Artillerie à pied, 6e régiment				»	4e	104	»		91	»
Train, 5e bataillon *bis*				»	4e	102	»		70	»
					5e	102	»		70	»
Sapeurs, 2e bataillon				»	5e	104	»		69	»
							TOTAL		6,946	147

2e division de la réserve. — Cavalerie légère.

Général de division...	Bourcier	1
Aides de camp......	Lemoine, chef d'escadron	1
	Deyne, capitaine	1
	Gérard, capitaine	1
Général de brigade...	Piston	1
Aide de camp.......	Curial, lieutenant	1
Général de brigade...	Fauconnet	1
Aides de camp......	Pothier, capitaine	1
	Quéval, lieutenant	1
Général de brigade...	Treillard	1
Aides de camp......	Rabelleau, capitaine	1
	Faure, capitaine	1
Adjudant-commandant	Delaage	1
Officier adjoint......	Delesse	1
Artillerie...........	Nourry, major	1
Génie...............	Fleury, capitaine	1
	Cossigny, capitaine	1
Sous-inspecteur aux revues...........	Chopin	1
Commissaires des guerres.........	Panichot	1
	Drouin, adjoint	1
	Total.....	23

Vivres-pain.........	Chauvin, inspecteur.
Vivres-viande.......	Codron, inspecteur.
Fourrages..........	Bavierre, inspecteur.
Administrateur des hôpitaux...........	Pusor, économe.
Service de santé.....	Faure, médecin.
Habillement et campement............	André, aide garde-magasin.
Poste aux lettres.....	Deslandes, directeur.
Équipages militaires..	Transports, Coulon, chef divisionnaire.
	Vivres, Favot, conducteur.
	Ambulance, Debligny, conducteur.

2e division de la réserve.

DÉSIGNATION des CORPS.	COLONELS.	CHEFS D'ESCADRONS.	SITUATION DES ESCADRONS DE GUERRE. ESCADRONS.	COMPAGNIES.	COMPLET.	EMPLACEMENT.	PRÉSENTS.	AUX HÔPITAUX.	CHEVAUX.	DÉPÔTS. EMPLACEMENT.	PRÉSENTS.	AUX HÔPITAUX.	CHEVAUX.
						Cavalerie légère.							
2e chasseurs ..	Bousson...	Jacquet...	1er et 2e	»	320	Audruich...... 264 Calais........ 70	334	2	341	Tournay.....	101	4	63
12e chasseurs ..	Guyon....	Deschamps.	Id.	»	320	Ardres...... 259 Calais........ 72	341	»	343	Ath.........	227	6	108
13e chasseurs...	»	Guillaume.	Id.	»	320	Ferlinghem.... 286 Calais........ 43	329	11	336	Bruxelles....	156	23	76
21e chasseurs...	Berruyer.	Thévenin..	Id.	»	320	Guines........ 285 Calais........ 44	329	14	345	Arras.	83	9	56
9e hussards ...	Guyot....	Abicot....	Id.	»	320	Hams......... 296 Calais........ 40	336	7	346	Lille	248	23	156
10e hussards....	Beaumont.	Crépin....	Id.	»	320	Landrethum.... 290 Calais........ 38 Saint-Omer.... 4	332	10	352	Maubeuge...	143	8	120
Artillerie à cheval, 4e régiment................				1re	84	Boulogne, etc......	83	2	»	»	»	»	»
Train, 8e bataillon *bis*........................				1re	102	Boulogne et Calais.	70	»	100	»	»	»	»
Sapeurs..................................				8e	104	»	94	2	»	»	»	»	»
						Total.......	2,248	48	2,163	Total.....	961	73	579

3e division de la réserve (troupes italiennes).

Général de division...	Teullié	1
Aides de camp	Teullié, capitaine	1
	Jacopetti, capitaine	1
	Nava, lieutenant	1
Général de brigade...	Bonfanti	1
Aides de camp	Fedrigo, capitaine	1
	Bianchi d'Adda, capitaine	1
Adjudant-commandant	Mazuchelli	1
Officiers adjoints.....	Pas, capitaine	1
	Toscolo, capitaine	1
	Lavergne, capitaine	1
	Lonati, capitaine	1
	Maffei, capitaine	1
	Bonfanti, capitaine	1
Artillerie...........	Devaux, chef de bataillon	1
Génie.............	Costanzo, chef de bataillon	1
	Bianchi d'Adda, capitaine	1
	Lanzetta	1
Sous-inspecteurs aux revues	Reybaud	1
	Parma	1
Commissaires des guerres........	Ferreri	1
	Galbiati	1

ADMINISTRATION.

Vivres-pain.........	Defrayne, inspecteur.
Vivres-viande.......	Trincolet, inspecteur.
Fourrages..........	Gignet, inspecteur.
Administration des hôpitaux...........	Destremaux, économe.
Service de santé.....	Bussan, médecin.
Habillement et campement...........	Lebon, aide garde-magasin.
Chauffage et lumière .	Galisset, aide garde-magasin.
Poste aux lettres.....	Armand, directeur.
Équipages militaires..	Transports, Ferraud, chef de division.
	Vivres, Godard, conducteur.
	Ambulance, Couerbe, directeur.

3ᵉ division de la réserve (troupes italiennes).

DÉSIGNATION DES CORPS.	SITUATION DES BATAILLONS DE GUERRE.					
	BATAILLONS.	COMPAGNIES.	COMPLET.	EMPLACEMENT.	PRÉSENTS.	AUX HÔPITAUX.
Infant. légère. 1ᵉʳ régim.	2	»	1,860	Calais.....	1,535	77
Infant. légère. 2ᵉ id.	2	»	1,860	»	1,464	56
Infanterie de ligne, 1ᵉʳ rég.	2	»	1,860	»	1,562	59
Sapeurs................	»	4ᵉ	104	»	93	2
Détachement d'infant. italienne arrivé du 19 thermidor au 10 fructidor...	»	»	»	»	550	»
Artillerie à pied (Français), 6ᵉ rég., 5ᵉ compagnie...	»	»	»	»	88	»
				TOTAL.......	5,292	194

4ᵉ division de la réserve (1ʳᵉ division de dragons).

ÉTAT-MAJOR.

Général de division..	KLEIN..................................	1
Aide de camp.......	MARTHON, capitaine....................	1
Général de brigade...	FÉNEROLS...............................	1
Aides de camp	LIMBOURG, capitaine......................	1
	PRÉVOST, lieutenant......................	1
Général de brigade...	LASALLE.................................	1
Aide de camp.......	THÉRON, capitaine........................	1
Adjudant-commandant	BERTRAND...............................	1
Officiers adjoints.....	CHARTON................................	1
	BACHELET...............................	1
Artillerie............	HAZARD.................................	1
	MATHIEU................................	1
Génie.............	FRÉMIOLES..............................	1
Sous-inspecteurs aux revues..........	BOINOD.................................	1
	JULIEN.................................	1
Commissaires des guerres.........	DUCROT.................................	1
	DESFONTAINES...........................	1
Emplois vacants..........		3
	TOTAL.....	20

4e division de la réservé.

BRIGADES.	NUMÉROS DES RÉGIMENTS de dragons.	COLONELS.	CHEFS D'ESCADRONS.	SITUATION DES ESCADRONS DE GUERRE. ESCADRONS.	COMPAGNIES.	COMPLET.	EMPLACEMENT.	PRÉSENTS.	AUX HÔPITAUX.	CHEVAUX.	DÉPÔTS. EMPLACEMENT.	PRÉSENTS.	AUX HÔPITAUX.	CHEVAUX.
							Troupes de la 1re division de dragons.							
»	1er....	Arrighi.....	Berruyer.	1er et 2e	»	360	Saint-Omer..	373	10	394	Rambouillet.	181	12	126
»	2e....	»	Gobrecht., Lavenant..	Id.	»	360	Arques.....	410	10	351	Cambrai....	207	10	68
»	14e....	Lafond- Blaniac.	Wachter.. Louvel....	Id.	»	360	Saint-Omer..	385	15	322	Beauvais....	262	13	120
»	19e....	Caulaincourt	Minier... Baron.....	Id.	»	360	Saint-Martin-au-Laert.	394	»	376	Landrecies...	206	2	190
»	20e....	Reynaud....	Boussard..	Id.	»	360	Saint-Omer..	426	20	364	Maubeuge...	215	4	86
»	4e....	»	Constant.. Rozat.....	Id.	»	360	Lambres...	362	1	359	Amiens......	224	10	135
»	10e....	Cavaignac...	Laas......	Id.	»	360	Wisques.....	375	9	372	Abbeville....	199	28	130
»	11e....	»	Daiguillon. Girault...	Id.	»	360	Halines.	353	5	355	Cambrai.. ..	207	13	35
»	13e....	Broc.... ...	Dumas.... Strub.....	Id.	»	360	Blandèques.	366	5	358	Bapaume....	222	27	215
Artillerie à cheval, 2e régiment					3e	84	Boulogne....	79	1	»	»	»	»	»
Sapeurs, 5e bataillon..........					1/2 de la 9e	52	»	44	3	»	»	»	»	»
							Total.....	3,567	79	3,251	Total...	1,923	119	1,105

5e division de la réserve (2e division de dragons).

Général de division		1	
Aides de camp		3	
Général de brigade...	Scalfort	1	
Aide de camp	Girod, lieutenant	1	
Général de brigade...	Laplanche	1	
Aides de camp	Fromant	1	
	Guillot	1	
Emplois vacants		11	
	Total	20	

Brigades.	Numéros des régiments de dragons.	Colonels.	Chefs d'escadrons.	Situation des escadrons de guerre. Escadrons.	Compagnies.	Complet.	Emplacement.	Présents.	Aux hôpitaux.	Chevaux.	Dépôts. Emplacement.	Présents.	Aux hôpitaux.	Chevaux.
				Troupes de la 2e division de dragons.										
1re	5e...	Lacour	Lespinasse	1er et 2e	»	360	St-Omer.	354	11	376	Noyon	212	23	125
1re	9e...	Maupetit	Didelon	Id.	»	360	»	344	16	360	Versailles	102	20	140
1re	12e...	Pagès	Duchatel, Eichmans	Id.	»	360	»	310	15	377	Verbery	129	3	141
1re	21e...	Dumas	Chateauneuf	Id.	»	360	»	293	10	365	Sedan	140	1	152
2e	15e...	»	Laroche, Lavie	Id.	»	360	»	312	22	361	Laon	143	20	120
2e	16e...	Clément	Talma	Id.	»	360	»	358	11	363	Soissons	186	10	104
2e	17e...	Saint-Diziers	Dauhecourt, Vigneron	Id.	»	360	»	365	11	376	Laon	238	16	142
2e	18e...	Lefebvre	Leclerc	Id.	»	360	»	359	7	371	Villers-Cotterets	188	23	136
»	3e...	Friteau	Dubois	Id.	»	360	»	360	2	373	Versailles	246	42	97
»	6e...	»	Ludot, Rémy	Id.	»	360	»	356	5	371	Chantilly	156	10	69
»	8e...	»	Joubert, Coulmier	Id.	»	360	»	350	13	374	Senlis	190	19	138
Artillerie à cheval, 2e régiment					4e	84	Boulogne.	88	1	»	»	»	»	»
Sapeurs, 5e bataillon					1/2 de la 9e	52	»	44	2	»	»	»	»	»
							Total	3,893	126	4,067	Total	2,020	187	1,364

6e division de la réserve (grosse cavalerie).

Général de division... NANSOUTY 1

Généraux de brigade.. { LAHOUSSAYE 1
SAINT-GERMAIN .... 1 }

Adjudant-commandant ALLAIN 1

BRIGADES.	NUMÉROS des RÉGIMENTS.	COLONELS.	CHEFS D'ESCADRONS.	SITUATION DES ESCADRONS DE GUERRE. ESCADRONS.	COMPLET.	EMPLACEMENT.	PRÉSENTS.	AUX HÔPITAUX.	CHEVAUX.	DEPÔTS (1). EMPLACEMENT.	PRÉSENTS.	AUX HÔPITAUX.	CHEVAUX.
						Grosse cavalerie.							
	Carabiniers.												
1re	1er.......	COCHOIS.....	THOUARD..... FAUCHER.....	3e	500	Lille.............	440	5	444	Lunéville....	193	19	103
1re	2e........	MORIN.....	ISMERT...... GRIMBLOT....	3e	500	Lille.	407	4	413	Lunéville....	194	14	103
	Cuirassiers.												
2e	9e........	YVENDORFF..	ALIX........ TEINTURIER..	3e	500	Lille et environs...	453	4	469	Caen......	162	15	98
2e	9e........	DOUMERC....	LEBLANC..... LEFEBVRE....	3e	500	Aux envir. de Lille, à Saint-André et Wambrechies....	391	1	473	Mayence.....	207	10	55
3e	3e......	PRÉVAL.....	CHAMORIN.... LENTUARY....	3e	500	A l'Homme et à Lambresant.	488	5	475	Saint-Germain	97	12	57
3e	12e.......	BELFORT....	BONNECAREZ.. MARCOLLE...	3e	500	A Equermes, Emeriz, Los et Haubourdin.	416	7	403	Deux-Ponts..	223	19	148
Artillerie à cheval, 4e régiment, 1re compagnie........					81	Boulogne et Saint-Léonard.	92	8	»	»	»	»	»
						TOTAL........	2,587	34	2,677	TOTAL...	1,078	89	561

(1) Les dépôts des régiments de carabiniers et de cuirassiers se rendent à Schelestadt.

Parc d'artillerie de la réserve.

Colonel directeur	SABRE	1
Chef de bataillon, sous-directeur	NEIGRE	1
Adjoints	METZINGER	1
	MERCIER	1
Inspecteur du train	FORGEON	1
Emplois vacants		5

DÉSIGNATION DES CORPS.	NUMÉROS des RÉGIMENTS.	COMPAGNIES.	COMPLET.	EMPLACEMENT.	PRÉSENTS.	AUX HÔPITAUX.
Artillerie à pied	6e	1/2 de la 7e	52	Calais	46	3
Artillerie à cheval	4e	1/2 de la 2e	42	Boulogne et Saint-Léonard	42	2
Ouvriers	11e	1/2	52	Boulogne	37	1
	14e	»	104	Id. et Calais	109	»
Armuriers, 1er bat.	»	1/2 de la 4e	52	Boulogne	51	1
	»	1/2 de la 5e	52	Calais	47	»
				TOTAL	332	7

Réserve générale d'artillerie de la réserve.

Colonel, chef de l'état-major .... MASSOL.

Capitaine adjoint .... RAGMEY.

Parc général d'artillerie de la réserve.

GRADES ET NOMS.	OFFICIERS.	DÉSIGNATION de l'arme.	NUMÉROS des régiments.	COMPAGNIES.	COMPLET.	EMPLACEMENT.	PRÉSENTS.	HÔPITAUX.
Colonel directeur, VERMOT	1	Artillerie à pied.	1er	1re	104	Étaples	99	2
Chefs de bataillon. PELLEGRIN	1			2e	104	Id	98	2
Chefs de bataillon. BOUCHU	1			5e	101	Id	98	5
Inspecteur général du train, VALLÉE	1			13e	101	Saint-Omer	98	1
Major du train, OLLIÉ	1			14e	101	....	97	2
Inspecteur du train, LAMBERT	1							
			5e	1re	104	Boulogne et côtes	100	»
Officiers d'artillerie adjoints. VENÈDRE	1			18e	104	Boulogne	101	»
Officiers d'artillerie adjoints. MARÉCHAL	1			19e	104	....	100	»
Officiers d'artillerie adjoints. VASSAL	1			20e	104	....	101	»
Officiers d'artillerie adjoints. CHAMBERLAND	1							
Officiers d'artillerie adjoints. BROUET	1		6e	2e	101	Rive gauche de Liane	91	3
Officiers d'artillerie adjoints. ZARTOR	1			3e	104	....	91	4
Officiers d'artillerie adjoints. PETIT-DIDIER	1			½ de la 7e	52	Calais	47	2
				14e	104	A la 4e aile	100	»
Sous-lieutenants du train, adjoints au major du train.			7e	4e	»	Corps de droite	95	»
HAVARD	1			16e	104	Ambleteuse et côtes	100	»
BOUTEAU	1			17e	104	Id	98	»
				18e	101	Id	98	»
Garde général, GUILLON	1							
Conducteur général, MARTEL	1		8e	10e	»	Ile de Gadzand	97	2
Garde principal, DORGEON	1							
Conducteurs d'artillerie	4							
Maître artificier et chefs artificiers	3							
TOTAL	26							

Parc général d'artillerie de la réserve (*suite*).

ARME.	NUMÉROS des régiments.	COM-PAGNIES.	COMPLET.	EMPLACEMENT.	PRÉSENTS.	HÔPITAUX.
Artillerie à cheval.....	4e	½ de la 2e	42	Boulogne et St-Léonard.	42	2
	6e	3e	81	Batteries de la gauche de la Liane......	105	»
		4e	84	Id......	102	»
Ouvriers d'artillerie ...	1re comp.	½ comp.	52	Étaples......	36	3
	4e —	»	52	Boulogne....	36	1
	7e —	»	52	Ambleteuse.	32	»
	11e —	»	52	Boulogne....	37	1
Pontonniers..	Du 1er bat.	½ de la 2e	52	Étaples	44	3
		½ de la 4e	52	Boulogne....	51	1
		½ de la 5e	52	Id.......	47	»
		½ de la 7e	52	Ambleteuse..	43	»
Armuriers...	Détach.	»	»	Ambleteuse..	21	»

ARME.	NUMÉROS des régiments.	COM-PAGNIES.	COMPLET.	EMPLACEMENT.	PRÉSENTS.	HÔPITAUX.	CHEVAUX.
Train d'artillerie...	1er princ.	6e	102	Ambleteuse..	197	»	37
	1er *bis*.	5e	102	Ardres......	81	4	97
		6e	102	Id.......	83	3	67
	2e *bis*.	3e	102	Boulogne....	70	»	100
		5e	102	Id.......	70	»	100
		6e	102	Saint-Omer..	129	»	62
	3e princ.	6e	102	Boulogne....	121	»	56
	3e *bis*.	6e	102	Ambleteuse..	130	»	70
	5e princ.	6e	102	A la 1re aile.	199	»	138
	5e *bis*.	6e	102	Saint-Omer..	150	»	91
	8e *bis*.	2e	102	Boulogne....	70	»	100
		3e	102	Id......	70	»	100
		4e	102	Id......	70	»	100
		5e	102	Id......	70	»	70
		6e	102	Saint-Omer..	177	»	»
Ouvriers ...	1er.	1er	102	Boulogne....	51	»	»
				TOTAL...	4,013	41	1050

Matériel général du parc général d'artillerie.

EN DÉPOT :

Gargousses à canon de 22.	5,892	Fusils d'infanterie......	60,000
Gargousses à canon de 8..	16,008	Fusils de dragons........	4,000
Gargousses à canon de 4..	6,750	Pistolets..............	2,000
Gargousses d'obus^rs de 24.	8,640	Baïonnettes de rechange..	15,000
Cartouches d'infanterie..	6,000,000	Sabres de dragons......	2,000
Plomb en balles........	100,000	Sabres de chasseurs.....	1,000
Poudre..............	100,000	Harnais..............	8,681

Réserve et parc du génie.

MATÉRIEL.

54,000 outils de pionniers à manches,
dont :
27,000 approvisionnés à Boulogne, à portée d'embarcation,
et 27,000 dans les magasins de Saint-Omer en réserve pour les sièges.

Ces outils sont indépendants de ceux de campement fournis par l'administration de la guerre et approvisionnés à Boulogne et à Saint-Omer au nombre de 75,000 hommes.

Récapitulation de la réserve.

	COMBATTANTS.			CHEVAUX.	
	OFFICIERS.	PRÉSENTS.	HÔPITAUX.	TROUPE.	ARTILLERIE.
État-major............	52	97	»	97	»
1re division. Officiers d'état-major................	20	6,946	147	»	200
2e division. Officiers d'état-major (cavalerie légère).	23	2,248	48	2,063	100
3e division. Officiers d'état-major................	22	5,292	194	»	»
4e division. Officiers d'état-major................	20	3,567	79	»	»
5e division. Officiers d'état-major (2e div. dragons)..	20	3,895	126	3,251	»
6e division. Officiers d'état-major (grosse cavalerie)..	23	2,687	34	4,067	»
Artillerie (réserve du camp et parc)............	10	332	7	2,577	»
Réserve générale d'artillerie..................	11	»	»	»	»
Grand parc. Parc général..	26	3,744[1]	41	»	»
— Parc de siège..	18	»	»	»	1,050
TOTAL........	215	28,808	676	12,055	1,350

[1] Chiffre inexact. (Voir ci-dessus, p. 103.)

Récapitulation générale des armées des côtes de l'Océan.

CORPS.	TROUPES.			CHEVAUX.	
	OFFICIERS.	PRÉSENTS.	AUX HÔPITAUX.	DE TROUPES.	D'ARTILLERIE.
État-major général, guides et sapeurs	87	218	»	117	»
Ailes de débarquement	5	21,296	»	138	»
Avant-garde	91	9,928	688	»	300
Corps de droite	149	22,551	1,363	777	633
Corps du centre	173	31,938	1,787	771	1,301
Corps de gauche	142	17,724	1,108	831	820
1er corps d'armée détaché	113	20,880	1,073	2,360	»
2e id. id.	93	9,684	489	683	»
Réserve des armées des côtes	245	28,808[1]	676	12,055	1,350
Division d'élite de la garde impériale	»	»	»	»	»
TOTAL	1,098	163,027	7,184	17,732	4,404

[1] Inexact. (Voir ci-dessus, p. 103 et 104.)

Armée de Hanovre au 15 thermidor an XIII.

ÉTAT-MAJOR GÉNÉRAL.

M. le maréchal BERNADOTTE		1
Aides de camp	GASPARD, adjudant-commandant	1
	CHALOPIN, chef d'escadron	1
	GAULT, chef d'escadron	1
	VILLATTE, capitaine	1
	LEBRUN, lieutenant	1
Général de division	BERTHIER (Léopold)	1
Aide de camp	PERNET, capitaine	1
Adjudant-commandant	MAISON	1
Capitaines adjoints à l'état-major général.	GAULT	1
	BERTON	1
	VILMAIN	1
	FIGUIER	1
	BIGÉ	1
	STECK	1
	VIRIOT	1
	CLARY	1
	FOISSAC-LATOUR	1
Général de divis. command. l'artillerie	ÉBLÉ	1
Aides de camp	COTTIN, capitaine	1
	PÉCHEUR, lieutenant	1

Colonel commandant le génie	MORIO	1
Capitaine commandant la gendarmerie	VAILLANT	1
Inspecteur aux revues.	LALANCE	1
Ordonnateur en chef..	MICHAUX	1
Commissaires des guerres	BOURDON	1
	DENNIÉE	1

COMMANDANTS D'ARMES.

Commandants d'armes	DEMANCY, à Nieubourg	1
	THOMAS, à Suhlingen	1
	DELAUNE, à Northeim	1
	LANEDEVILLE, à Diephoz	1
	TOTAL	31

1re division. — Quartier général à Lunebourg.

Général de division...	DROUET, à Lunebourg	1
Aides de camp	GUICHARD, chef de bataillon	1
	DESJARDINS, capitaine	1
	BONNAIRE, lieutenant	1
Général de brigade...	FRÈRE, à Harbourg	1
Aides de camp	ALBERT, capitaine	1
	SEVRET, lieutenant	1
Adjudant-commandant	LUTHIER, à Lunebourg	1
Sous-inspecteur aux revues	GASPARD, à Lunebourg	1
Commissaire des guerres	FOURCADE, à Lunebourg	1
	TOTAL	10

CORPS.	NUMÉROS des régiments.	BATAILLONS ou compagnie.	EMPLACEMENT.	PRÉSENTS.	DÉTACHÉS.	AUX HÔPITAUX.	EFFECTIFS. HOMMES.	EFFECTIFS. CHEVAUX.
Inf. légère.	27e	3 bat.	Camp de Lune.	2,336	43	103	2,472	»
Inf. de ligne.	95e	3 bat.	Harbourg, Lunebourg et Stade.	2,386	48	92	2,526	»
Artillerie à cheval...	3e	1re comp.	Lunebourg...	89	»	1	90	83
			TOTAL.....	4,011	91	196	5,088	83

2e division. — Quartier général à Verden.

Général de division...	Rivaud, à Verden	1
Aides de camp.......	Favre, chef d'escadron	1
	Lageon, capitaine	1
Général de brigade...	Dumoulin, à Nieubourg	1
Aide de camp.......	Cahouel, capitaine	1
Général de brigade...	Pacthod, à Ottendorf	1
Aide de camp.......	Duverger, lieutenant	1
Adjudant-commandant	Chaudron-Rousseau, à Verden	1
Commissaires des guerres.........	Bergues, à Verden	1
	Mony, à Nieubourg	1
	Total......	10

CORPS.	NUMÉROS des régiments.	BATAILLONS ou escadrons.	EMPLACEMENT.	PRÉSENTS.	DÉTACHÉS.	AUX HÔPITAUX.	EFFECTIFS. HOMMES.	EFFECTIFS. CHEVAUX.
Inf. de ligne	8e	3 bat.	Verden......	2,205	36	79	2,320	»
	45e	3 bat.	»	2,024	44	142	2,210	»
Hussards..	5e	2 escadr.	»	375	»	10	385	236
			Total.....	4,604	80	231	4,915	236

3e division. — Quartier général à Hanovre.

Général de division...	N.	1
Général de brigade...	Werlé, à Hanovre	1
Aide de camp.......	Lépine, lieutenant	1
Général de brigade...	Granjean, à Hameln	1
Aide de camp.......	Godin, capitaine	1
Adjudant-commandant	Noizet	1
Commissaires des guerres.........	Celin, à Hanovre	1
	Petitot, adjoint, à Hameln	1
	Total.....	8

CORPS.	NUMÉROS des régiments.	BATAILLONS.	EMPLACEMENT.	PRÉSENTS.	DÉTACHÉS.	AUX HÔPITAUX.	EFFECTIFS. HOMMES.	EFFECTIFS. CHEVAUX.
Inf. de ligne	19e	3 bat.	Hanovre et Hameln.	1,791	37	106	1,934	»
	94e	3 bat.	Hanovre.....	2,033	38	149	2,220	»
			Total.....	3,824	75	255	4,154	»

Réserve. — Quartier général à Osnabrück.

Général de division...	Barbou, à Osnabruck	1
Aides de camp......	Passelac, chef d'escadron	1
	Lafaye, capitaine	1
	Minot, lieutenant	1
Adjudant-commandant	Requin	1
Commissaire des guerres.........	Crouzet	1
	Total......	6

CORPS.	NUMÉROS des régiments.	BATAILLONS ou escadrons.	EMPLACEMENT.	PRÉSENTS.	DÉTACHÉS.	AUX HÔPITAUX.	EFFECTIFS.	
							HOMMES.	CHEVAUX.
Inf. de ligne	51e	3 bat.	Osnabrück, Melle et Iburg	2,099	54	98	2,251	»
Hussards..	4e	1 escadr.	Osnabrück...	141	»	12	153	115
			Total.....	2,240	54	110	2,404	115

Division de cavalerie. — Quartier général à Hanovre.

Général de division ..	Kellermann	1
Aides de camp......	Houart, chef d'escadron	1
	Sterdebout, capitaine	1
	Tancarville, lieutenant	1
Général de brigade...	Picart, à Celle	1
Aides de camp......	Quandalle, capitaine	1
	Cussy, lieutenant	1
Général de brigade...	Marisy, à Lunebourg	1
Aide de camp.......	Bella, lieutenant	1
Sous-inspecteur aux revues...........	Villain, à Hanovre	1
	Total.....	10

CORPS.	NUMÉROS des régiments.	ESCA-DRONS.	EMPLACEMENT.	PRÉSENTS.	DÉTACHÉS.	AUX HÔPITAUX.	EFFECTIFS.	
							HOMMES.	CHEVAUX.
Chasseurs..	5e	4 escadr.	Noztheein et Hanovre.	758	3	43	804	589
Hussards...	2e	4 escadr.	Celle et environs.	720	2	47	769	601
	4e	3 escadr.	Hoya, Sycke, etc.	596	2	24	622	479
	5e	2 escadr.	Stade et environs.	391	7	28	426	279
Garde du général en chef.	»	»	Hanovre.....	77	»	»	77	75
Gendarmerie.	»	»	»	144	»	»	144	161
			TOTAL.....	2,686	14	142	2,842	2,184

Artillerie et génie.

OFFICIERS D'ARTILLERIE.

Major	FORNO..................................	1
Colonel, directeur du parc	HUMBERT..................................	1
Chef de bataillon, sous-directeur.........	JUVIGNY..................................	1
Chef d'escadron......	LAURENT..................................	1
Capitaines adjoints...	BRAS D'OR..................................	1
	VIEFVILLE..................................	1
	CHAROET..................................	1
Capitaine inspecteur du train............	PINOUDELLE..................................	1
Conducteur général...	PETIT..................................	1
Garde général.......	CUVIER..................................	1

ÉTAT-MAJOR DU 8e RÉGIMENT A PIED.

Chefs de bataillons...	RAULOT..................................	1
	LEGENDRE..................................	1

ÉTAT-MAJOR DU 3e RÉGIMENT A CHEVAL.

Colonel............	NAVELET..................................	1
Chef d'escadron......	LEPIN..................................	1

OFFICIERS DU GÉNIE.

Colonel	MORIO	1
Capitaines	HARMOIS	1
	COUCHE	1
	LEPOS	1
	GUIRAUD	1
	TREUSSART	1
	VALAZÉ	1
	TOTAL	21

CORPS.	NUMÉROS des compag.	PRÉSENTS.	DÉTACHÉS.	AUX HÔPITAUX.	EFFECTIFS. HOMMES.	EFFECTIFS. CHEVAUX.
Artillerie à pied, 8e régiment	1re	76	»	4	80	»
	2e	72	»	4	76	»
	5e	78	»	2	80	»
	6e	80	»	2	82	»
	18e	78	»	4	82	»
	20e	76	»	4	80	»
Artillerie à cheval, 3e régiment	2e	91	»	3	94	104
	3e	95	»	2	97	81
	4e	90	»	2	92	85
Train d'artillerie, 2e principal	1re	88	»	1	89	124
	2e	64	»	3	67	103
	3e	75	»	6	81	109
	4e	66	»	4	70	111
	5e	78	»	5	83	88
	6e	74	»	1	75	93
Ouvriers d'artillerie	8e	41	»	2	43	»
Escouade d'ouvriers	»	18	»	»	18	»
Pontonniers, 1er bataillon	1re	48	»	5	53	»
Pontonniers auxiliaires	»	49	»	»	49	»
TOTAL		1,337	»	54	1,391	898

Récapitulation de l'armée en Hanovre.

CORPS.	PRÉSENTS.	DÉTACHÉS.	AUX HÔPITAUX.	EFFECTIFS. HOMMES.	EFFECTIFS. CHEVAUX.
Officiers d'état-major	82	»	»	82	»
1re division	4,801	91	196	5,088	83
2e division	4,601	80	231	4,915	236
3e division	3,824	75	255	4,154	»
Réserve	2,240	54	110	2,404	115
Division de cavalerie	2,686	14	142	2,842	2,184
Artillerie	1,337	»	54	1,391	898
TOTAL	19,574	314	988	20,876	3,516

Situation des troupes en Batavie, le 1er thermidor an XIII.

Général de division...	MOUNET, à Flessingue	1
Aides de camp......	SERIÈS, capitaine	1
	ROQUE, capitaine	1
	DESMARQUETS, lieutenant	1
Lieutenant général batave	VAN GUÉRICKE, à Middelbourg	1
Aides de camp......	BLANC, colonel	1
	ÉWERTS, major	1
Général de brigade...	OSTEN, à Middelbourg	1
Aides de camp......	LEMEUNIER, capitaine	1
	DUVERGER, lieutenant	1
Général de brigade...	ARNAUD, à Flessingue	1
Aides de camp......	NOOS, capitaine	1
	ARNAUD, lieutenant	1
Commissaire des guerres.........	RIS, à Middelbourg	1
	TOTAL......	14

CORPS.	NUMÉROS des régiments.	BATAILLONS ou escadrons.	EMPLACEMENT.	PRÉSENTS.	DÉTACHÉS.	AUX HÔPITAUX.	EFFECTIF. HOMMES.	EFFECTIF. CHEVAUX.
			Troupes françaises.					
État-major.	»	»	»	14	»	»	14	»
Bat. de dépôt colonial...	»	1er	Flessingue...	324	»	84	408	»
			TOTAL.....	338	»	84	422	»
			Troupes bataves.					
État-major.	»	»	»	3	»	»	3	»
Grenadiers.	»	1er	Utrecht......	479	»	8	487	»
		2e	Utrecht......	457	»	26	483	»
Infanterie de ligne.	»	7e	Vest-Capel...	347	»	52	399	»
		8e	Utrecht.......	488	»	10	498	»
		9e	Ziericree......	532	»	18	550	»
		14e	Flessingue...	424	»	27	451	»
		15e	Middelbourg.	407	»	22	429	»
		18e	Beverwick...	480	»	16	496	»
		21e	Ziericksee....	417	»	82	499	»
Dragons...	1er	4e escad.	Middelbourg..	109	»	5	114	120
			TOTAL.....	4,143	»	266	4,409	120
			TOTAL ÉGAL...........	4,481	»	350	4,831	120

État-major général des troupes de garnison.

Général de division...	MIOLLIS, à Utrecht	1
Aides de camp.......	BERNARD, chef de bataillon, faisant fonctions de chef d'état-major	1
	GUYON, capitaine	1
Général de brigade...	DROUAS, à Utrecht	1
Aides de camp......	DARANCEY, lieutenant	1
	GIORY, lieutenant	1
Sous-inspecteur aux revues...........	PORTE	1
Adjoint de l'inspecteur aux revues.......	HELOIN	1
Ordonnateur en chef..	MONNAY	1
	TOTAL.....	9

Commandement du général Godinot. — Quartier général à Utrecht.

Général de brigade...	GODINOT, à Utrecht	1
Aides de camp......	SOULAIN, capitaine	1
	CHOISY, lieutenant	1

CORPS.	NUMÉROS des régiments.	BATAILLONS ou escadrons.	EMPLACEMENT.	PRÉSENTS.	DÉTACHÉS.	AUX HÔPITAUX.	EFFECTIF. HOMMES.	EFFECTIF. CHEVAUX.
			Troupes françaises.					
État-major.	»	»	Utrecht....	12	»	»	12	»
Inf. de ligne.	92e	4e bat.	Nimègue....	448	42	41	531	»
Chasseurs..	8e	4e esc.	Deventer....	169	»	1	170	114
Hussards..	6e	4e esc.	Zutphen.....	204	2	23	229	92
			TOTAL.....	833	44	65	942	206

Commandement du général Boivin. — Quartier général à Bréda.

Général de brigade...	BOIVIN, à Bréda	1
Aides de camp......	MIGEON, lieutenant	1
	BRADIMONT, sous-lieutenant	1

CORPS.	NUMÉROS des régiments.	BATAILLONS ou escadrons.	EMPLACEMENT.	PRÉSENTS.	DÉTACHÉS.	AUX HÔPITAUX.	EFFECTIF.	
							HOMMES.	CHEVAUX.
			Troupes françaises.					
État-major.	»	»	Bréda	3	»	»	3	»
Infanterie de ligne.	11e	4e bat.	Berg-op-Zoom	241	52	11	301	»
	35e	4e bat.	Bréda	219	41	17	277	»
			TOTAL	463	93	28	584	»
			Troupes bataves.					
Infanterie de ligne.	»	1er bat. de dépôt.	Heusden	70	»	»	70	»
Dragons	1er	3e esc.	Bois-le-Duc	158	»	3	161	150
			TOTAL	228	»	3	231	150
TOTAL ÉGAL				691	93	31	815	150

Défense des côtes de Voorne et Gorée. — Quartier général à Brielle.

Général batave...... VANBOECCOP, à Brielle.................... 1
Aide de camp....... VANDEROLIST, capitaine.................... 1
Capitaine adjoint.... THIM, à Brielle.......................... 1

CORPS.	NUMÉROS des régiments.	BATAILLONS ou escadrons.	EMPLACEMENT.	PRÉSENTS.	DÉTACHÉS.	AUX HÔPITAUX.	EFFECTIF.	
							HOMMES.	CHEVAUX.
			Troupes bataves.					
État-major.	»	»	Brielle	5	»	»	5	»
Inf. de ligne.	»	12e	»	361	51	48	460	»
Inf. légère.	»	4e	»	498	»	103	601	»
		6e	»	180	»	80	260	»
Waldeck	»	1er et 2e	»	229	»	73	302	»
Saxe-Gotha.	»	1er et 2e	»	549	42	41	635	»
			TOTAL	1,822	93	348	2,263	»

Défense des côtes de Frise. — Quartier général à Groningue.

Général batave...... BONHOMME........................... 1
Aide de camp....... BRIATTE, capitaine..................... 1
Général de brigade... DESSAIX........................... 1
Aides de camp...... { ALLOARD, capitaine...................... 1
DESSAIX, lieutenant..................... 1
Adjudant-commandant BRUCE........................... 1

CORPS.	NUMÉROS des régiments.	BATAILLONS ou escadrons.	EMPLACEMENT.	PRÉSENTS.	DÉTACHÉS.	AUX HÔPITAUX.	EFFECTIF. HOMMES.	EFFECTIF. CHEVAUX.
			Troupes bataves.					
État-major.	»	»	Groningue...	6	»	»	6	»
Infanterie de ligne.	»	3ᵉ bat.	»	459	»	59	518	»
		13ᵉ bat.	»	480	»	70	550	»
		15ᵉ bat. (dépôt).	»	64	»	8	72	»
		22ᵉ bat. (dépôt).	»	10	»	»	10	»
Infanterie coloniale.	»	5ᵉ bat.	»	262	»	25	287	»
		8ᵉ bat. (8ᵉ cⁱᵉ).	»	70	»	10	80	»
Infanterie légère.	»	2ᵉ bat. (dépôt).	»	22	»	4	26	»
		3ᵉ bat.	»	192	»	19	211	»
		4ᵉ bat. (dépôt).	»	96	»	18	114	»
Dragons...	2ᵉ	4 escadr.	»	455	»	35	490	513
			TOTAL.....	2,116	»	248	2,364	513

Défense du Helder.

Général de brigade... GRATIEN (employé au camp d'Utrecht)........ 1
Aides de camp...... { GALLIEN, capitaine...................... 1
MICHELLIN, capitaine..................... 1
Adjudant-commandant WEICKEL........................... 1
Adjoint............ PREZBENDOWSKI (employé au camp d'Utrecht).. 1

CORPS.	NUMÉROS des régiments.	BATAILLONS ou escadrons.	EMPLACEMENT.	PRÉSENTS.	DÉTACHÉS.	AUX HÔPITAUX.	EFFECTIF. HOMMES.	EFFECTIF. CHEVAUX.
			Troupes françaises.					
Inf. de ligne	35ᵉ	3ᵉ	Utrecht.....	326	1	57	384	»
Inf. légère.	18ᵉ	3ᵉ	»	289	11	33	333	»
			TOTAL.....	615	12	90	717	»

Troupes bataves chargées de la défense des côtes de Nord-Holland aux ordres du colonel Chassey.

CORPS.		PRÉSENTS.	DÉTACHÉS.	AUX HÔPITAUX.	EFFECTIF. HOMMES.	EFFECTIF. CHEVAUX.
Infanterie de ligne.	10e bataillon.	451	»	36	490	»
	18e bat. (dépôt).	37	»	»	37	»
	22e bat. (dépôt).	48	»	10	58	»
Dépôts	des grandes Indes.	46	»	6	52	»
	des petites Indes.	36	»	15	51	»
Hussards, 2 escadrons		123	»	47	170	152
	TOTAL	744	»	114	858	152

ARTILLERIE ET GÉNIE.

Officiers français.

Chefs de bataillon d'artillerie	LEROUX	1
	MONGENET	1
Capitaines	BOURNICQUE	1
	RENAUDOT	1
Capitaine du génie	DETOURS	1
Lieutenants du génie	BOUCHER-GIRONCOURT	2
	RIOLLAY	1
Gardes du génie	DEMONTZEY	1
	SAMAIN	1

Officiers bataves.

Capitaines d'artillerie	HOLL	1
	GEY	1
Lieutenant d'artillerie	PAETS	1
Colonel du génie	CROIZET	1
Capitaines du génie	LOBRY	1
	VAMBERG	1
	VERSTEGT	1

CORPS.	PRÉSENTS.	DÉTACHÉS.	AUX HÔPITAUX.	EFFECTIF. HOMMES.	EFFECTIF. CHEVAUX.
Artillerie à pied (des 1er, 2e, 3e et 4e bat.)	1,584	»	163	1,747	»
Artillerie coloniale, 4e compagnie	92	»	8	100	»
Artillerie à cheval, 2e compagnie	100	»	11	111	107
Train d'artillerie	152	»	12	164	259
Pontonniers	29	»	»	29	»
Sapeurs	23	»	»	23	»
Mineurs	115	»	»	115	»
Officiers d'état-major	16	»	»	16	»
TOTAL	2,111	»	194	2,305	366

Récapitulation générale des troupes en Batavie.

CORPS.		PRÉSENTS.	DÉTACHÉS.	AUX HÔPITAUX.	EFFECTIF. HOMMES.	EFFECTIF. CHEVAUX.
Troupes françaises.						
Camp de Walckeren		338	»	84	422	»
Troupes de garnison.	Division Godinot	833	44	65	942	206
	Division Boivin	463	93	28	584	»
Défense	des côtes de Frise	»	»	»	»	»
	des îles de Voorne et Gorée	»	»	»	»	»
	du Helder	615	12	90	717	»
	de Nord-Hollande	»	»	»	»	»
Artillerie et génie		»	»	»	»	»
	TOTAL	2,249	149	267	2,665	206
Troupes bataves.						
Camp de Walckeren		4,143	»	266	4,409	120
Troupes de garnison.	Division Godinot	»	»	»	»	»
	Division Boivin	228	»	3	231	150
Défense	des côtes de Frise	2,116	»	248	2,364	513
	des îles de Voorne et Gorée	1,822	93	348	2,263	»
	du Helder	»	»	»	»	»
	de Nord-Hollande	744	»	114	858	152
Artillerie et génie		2,111	»	194	2,305	366
	TOTAL	11,164	93	1,173	12,430	1,301
	TOTAL GÉNÉRAL	13,413	242	1,440	15,095	1,507

(Non compris le camp d'Utrecht, faisant partie de l'armée des côtes de l'Océan.)

Troupes dans le royaume d'Italie à l'époque du 1er thermidor an XIII.

DÉSIGNATION des CORPS.	NUMÉROS des régiments.	EFFECTIF.	PRÉSENTS.	CHEVAUX.	EMPLACEMENT.	TOTAL des PRÉSENTS.
			1re division, à Vérone.			
Quartier général.....	»	»	»	»	Milan.......	145
Infanterie légère.....	22e	1,901	1,737	»	Vérone......	8,888
Infanterie de ligne....	29e	2,662	2,104	»	Brescia......	
	52e	2,038	1,962	»	Vérone......	
	101e	2,096	1,957	»	Brescia......	
Chasseurs à cheval...	3e	517	502	561	Vérone......	
	15e	657	626	657	Brescia......	
			2e division, à Bergame.			
Infanterie légère.....	8e	1,261	1,097	»	Bergame.....	6,980
Infanterie de ligne....	1er	2,154	1,999	»	Bergame.....	
	53e	2,092	1,950	»	Como.......	
	106e	2,073	1,934	»	Como.......	
			3e division, à Bologne.			
Infanterie légère.....	23e	2,340	2,113	»	Bologne.....	7,685
Infanterie de ligne...	9e	1,818	1,614	»	Bologne.....	
	10e	1,908	1,708	»	Modène.....	
	62e	2,419	2,250	»	Modène.....	
			Division de cavalerie légère, à Crémone.			
Chasseurs à cheval...	14e	557	505	479	Reggio......	2,202
Dragons............	23e	574	492	328	Crémone....	
	24e	623	597	487	Crémone....	
	29e	664	608	511	Crémone....	
			Division de grosse cavalerie, à Lodi.			
Cuirassiers..........	4e	610	588	490	Crema......	2,209
	6e	527	485	503	Lodi........	
	7e	604	571	521	Codogno.....	
	8e	628	565	506	Lodi........	
			Artillerie et génie.			
2e rég. d'artillerie à pied....		938	852	»	Plaisance....	2,092
1er rég. — à cheval..		265	249	164	Plaisance....	
10e compagnie d'ouvriers.....		35	29	»	Plaisance....	
2e bataillon de pontonniers...		484	461	»	Pavie.......	
6e bataillon *bis* du train.....		502	471	737	Plaisance....	
1re compagnie de mineurs....		31	30	»	Rocca-d'Anfo.	
					TOTAL.....	30,201

Troupes dans le royaume d'Étrurie.

DÉSIGNATION des CORPS.	NUMÉROS des régiments.	EFFECTIF.	PRÉSENTS.	CHEVAUX.	EMPLACEMENT.	TOTAL des PRÉSENTS.
Légion corse........	»	2,504	1,947	»	Livourne. ...	2,085
Artillerie, etc........	»	149	138	»		
Troupes dans les États de Naples.						
Quartier général.....	»	»	»	»	Barletta.....	63
1re division, à Bari.						
Infanterie légère.....	1er	2,651	2,481	»	Corato, Ruro, Bari, Bitouto.	6,076
Infanterie de ligne....	6e	2,173	2,027	»	Tracci et Barletta.	
Infanterie de ligne....	42e	1,699	1,568	»	Andria et Barletta.	
2e division, à Chieti.						
Infanterie de ligne....	42e	292	263	»	Pescara.	839
Chasseurs à cheval...	6e	630	576	»	Lancianno. ..	
3e division, à Mola-di-Bari.						
Infanterie italienne...	5e	1,842	1,656	»	»	3,822
Infanterie polonaise...	4e	2,252	2,166	»	»	
Division de cavalerie, à Tarente.						
Infanterie légère.....	32e	655	604	»	»	2,368
Dragons............	7e	691	561	531	»	
Chasseurs à cheval...	9e	631	585	512	»	
Cavalerie polonaise...	1er	648	618	505	»	
Artillerie et génie.						
2e rég. d'artillerie à pied...		284	267	»	»	1,171
1er rég. d'artillerie à cheval..		129	122	74	»	
10e compagnie d'ouvriers....		15	15	»	»	
6e bat. principal du train...		582	562	679	»	
3e bat. de sapeurs.........		68	58	»	»	
1er rég. d'artill. à pied italien		79	75	»	»	
Train d'artillerie italien......		60	58	89	»	
Compagnie d'ouvriers italienne		14	14	»	»	
TOTAL (y compris 9,734 Français)............						14,339

Récapitulation des troupes françaises.

En Italie..................................	30,201
En Etrurie..................................	2,085
Dans les Etats de Naples..........................	9,734
TOTAL..........	42,020

Le colonel Vallongue, chargé des détails du Grand État-Major général de l'Armée des côtes de l'Océan, à M. Barnier, chef de la 4e division au ministère de la guerre.

Boulogne, le 3 fructidor an XIII (21 août 1805).

A Monsieur Barnier, chef de la 4e Direction du Ministère de la Guerre.

J'ai l'honneur de vous prévenir, Monsieur, que, pour faciliter le travail du Bureau de l'État-Major général de l'Armée des côtes et la solution des questions qui se présentent au sujet de l'organisation des corps, le Ministre me charge de vous demander des notes très exactes et très détaillées sur la composition des différents corps de troupes de toutes armes, tant sur le pied de paix que sur le pied de guerre ; sur la force déterminée pour les compagnies, bataillons ou escadrons, en officiers, sous-officiers et soldats ; sur les différences qui peuvent exister dans la force respective des compagnies de grenadiers, fusiliers ou voltigeurs, etc., etc. ; la composition des états-majors des corps et la date des lois ou décisions qui concernent l'organisation des régiments.

Le Colonel du génie, chargé en chef des détails du grand État-Major général de l'Armée des côtes,

VALLONGUE.

Le Chef de la 4e division au colonel Vallongue, chargé en chef des détails du Grand État-Major général de l'Armée des côtes.

Paris, le 25 fructidor an XIII.

J'ai l'honneur de vous transmettre, Monsieur, d'après la demande que vous m'en avez faite par votre lettre du 3 de ce mois, cinq tableaux indiquant la composition des corps d'infanterie de ligne et légère, de carabiniers, cuirassiers, dragons, chasseurs et hussards, des régiments d'artillerie à pied et à cheval, des bataillons de pontonniers, du train et de sapeurs, et des compagnies d'ouvriers et de mineurs.

Pour l'infanterie de ligne et légère, j'y ai ajouté la force particulière des bataillons isolés, et, à chaque régiment, la force de chaque compagnie est indiquée.

Les corps hors ligne ayant presque tous une composition différente et qui dépend de leur position particulière, mais qui se rapproche autant que possible de l'organisation générale de l'arme à laquelle ils appartiennent, j'ai pensé que vous n'aviez pas eu intention de les comprendre dans la demande que vous m'avez faite, non plus que de la gendarmerie, les canonniers gardes-côtes ni les vétérans qui sont tous à poste fixe dans l'intérieur ; c'est ce qui m'a déterminé à ne pas faire dresser le tableau de leur composition.

Je vous ai remis les états ce matin.

Infanterie de ligne.

Un régiment est composé de deux, de trois ou de quatre bataillons. Chaque bataillon, d'une compagnie de grenadiers et de huit de fusiliers, ainsi qu'il suit :

ÉTAT-MAJOR D'UN RÉGIMENT

GRADES.	A 2 BATAILLONS. Pied de paix.	A 2 BATAILLONS. Pied de guerre.	A 3 BATAILLONS. Pied de paix.	A 3 BATAILLONS. Pied de guerre.	A 4 BATAILLONS. Pied de paix.	A 4 BATAILLONS. Pied de guerre.
Colonel	1	1	1	1	1	1
Major	1	1	1	1	1	1
Chefs de bataillon	2	2	3	3	4	4
Adjudants-majors	2	2	3	3	4	4
Quartier-maître trésorier	1	1	1	1	1	1
Chirurgien-major	1	1	1	1	1	1
Chirurgiens aides-majors	1	1	1	2	1	3
Chirurgiens sous-aides	»	2	1	3	2	4
TOTAUX	9	11	12	15	15	19
Adjudants sous officiers	2	2	3	3	4	4
Vaguemestre	»	1	»	1	»	1
Tambour-major	1	1	1	1	1	1
Caporal tambour	1	1	1	1	1	1
Musiciens, dont un chef	8	8	8	8	8	8
Chefs... tailleur	1	1	1	1	1	1
Chefs... cordonnier	1	1	1	1	1	1
Chefs... guêtrier	1	1	1	1	1	1
Chefs... armurier	1	1	1	1	1	1
TOTAUX	25	28	29	33	33	38

COMPAGNIES

GRADES.	DE GRENADIERS. Pied de paix.	DE GRENADIERS. Pied de guerre.	DE FUSILIERS. Pied de paix.	DE FUSILIERS. Pied de guerre.
Capitaine	1	1	1	1
Lieutenant	1	1	1	1
Sous-lieutenant	1	1	1	1
TOTAUX	3	3	3	3
Sergent-major	1	1	1	1
Sergents	4	4	4	4
Fourrier	1	1	1	1
Caporaux	8	8	8	8
Soldats	56	64	56	104
Tambours	2	2	2	2
TOTAUX	75	83	75	123

Ainsi la force d'un régiment à deux bataillons est de 1375 hommes sur le pied de paix et de 2,162 sur le pied de guerre. Celle d'un régiment à trois bataillons, de 2,054 hommes sur le pied de paix et de 3,234 sur celui de guerre. Celle d'un régiment à quatre bataillons, de 2,733 hommes sur le pied de paix et de 4,306 sur celui de guerre. On peut admettre deux enfants de troupe par compagnie Dans chaque régiment, les capitaines et lieutenants sont classés de la manière suivante :

GRADES.	CLASSES DANS LES RÉGIMENTS. A 2 BATAILLONS. 1re.	2e.	3e.	A 3 BATAILLONS. 1re.	2e.	3e.	A 4 BATAILLONS. 1re.	2e.	3e.
Capitaines	9	8	8	3	12	12	4	16	16
Lieutenants	2	9	»	14	13	»	18	18	»

Les bataillons isolés ont une compagnie de grenadiers et huit de fusiliers, composées comme celles des régiments, mais leur état-major est composé ainsi qu'il suit :

Ainsi la force d'un bataillon isolé est de 685 hommes sur le pied de paix et de 1078 sur celui de guerre.

GRADES.	PIED DE PAIX.	PIED DE GUERRE.
Chef de bataillon	1	1
Adjudant-major	1	1
Quartier-maître	1	1
Chirurgien-major	1	1
Sous-aide chirurgien	»	1
TOTAUX	4	5
Adjudant sous-officier	1	1
Caporal tambour	1	1
Chefs... tailleur	1	1
Chefs... cordonnier	1	1
Chefs... guêtrier	1	1
Chefs... armurier	1	1
TOTAUX	10	11

Le major a été institué par l'arrêté du 1er vendémiaire an XII ; le nombre des officiers de santé par celui du 9 frimaire, même année. Toutes les autres dispositions sont prises dans l'arrêté du 20 vendémiaire an XI.

Infanterie légère.

Un régiment se compose, comme dans l'infanterie de ligne, de deux, de trois ou de quatre bataillons et chaque bataillon d'une compagnie de carabiniers, d'une compagnie de voltigeurs et de sept compagnies de chasseurs, ainsi qu'il suit :

ÉTAT-MAJOR D'UN RÉGIMENT

GRADES.	A 3 BATAILLONS. Pied de paix.	A 3 BATAILLONS. Pied de guerre.	A 3 BATAILLONS. Pied de paix.	A 3 BATAILLONS. Pied de guerre.	A 4 BATAILLONS. Pied de paix.	A 4 BATAILLONS. Pied de guerre.
Colonel	1	1	1	1	1	1
Major	1	1	1	1	1	1
Chefs de bataillon	2	2	3	3	4	4
Adjudants-majors	2	2	3	3	4	4
Quartier-maitre	1	1	1	1	1	1
Chirurgiens. Major	1	1	1	1	1	1
Chirurgiens. Aides-major	1	1	1	2	1	3
Chirurgiens. Sous-aide	»	2	1	3	2	4
TOTAUX	9	11	12	15	15	19
Adjudants-sous-officiers	2	2	3	3	4	4
Vaguemestre	»	1	»	1	»	1
Tambour-major	1	1	1	1	1	1
Caporal tambour	1	1	1	1	1	1
Musiciens dont un chef	8	8	8	8	8	8
Chefs. Tailleur	1	1	1	1	1	1
Chefs. Cordonnier	1	1	1	1	1	1
Chefs. Guêtrier	1	1	1	1	1	1
Chefs. Armurier	1	1	1	1	1	1
TOTAUX	25	28	29	33	33	38

COMPAGNIES

GRADES.	DE CARABINIERS. Pied de paix.	DE CARABINIERS. Pied de guerre.	DE VOLTIGEURS. Pied de paix.	DE VOLTIGEURS. Pied de guerre.	DE CHASSEURS. Pied de paix.	DE CHASSEURS. Pied de guerre.
Capitaine	1	1	1	1	1	1
Lieutenant	1	1	1	1	1	1
Sous-lieutenant	1	1	1	1	1	1
TOTAUX	3	3	3	3	3	3
Sergent-major	1	1	1	1	1	1
Sergents	4	4	4	4	4	4
Fourrier	1	1	1	1	1	1
Caporaux	8	8	8	8	8	8
Soldats	56	64	104	104	49	104
Tambours	2	2	2	2	2	2
TOTAUX	75	83	123	123	68	123

Ainsi la force d'un régiment d'infanterie légère à deux bataillons est de 1373 hommes sur le pied de paix et de 2,162 sur celui de guerre; celle d'un régiment à trois bataillons de 2,051 hommes sur le pied de paix et de 3,234 sur celui de guerre; celle d'un régiment à quatre bataillons de 2,729 hommes sur le pied de paix et de 4,306 sur celui de guerre. On peut admettre deux enfants de troupe par compagnie Dans chaque régiment les capitaines et lieutenants y sont classés de la manière suivante :

GRADES.	CLASSES DANS LES RÉGIMENTS — A 2 BATAILLONS. 1re.	2e.	3e.	A 3 BATAILLONS. 1re.	2e.	3e.	A 4 BATAILLONS. 1re.	2e.	3e.
Capitaines	2	8	8	3	12	12	4	16	16
Lieutenants	9	9	»	14	13	»	18	18	»

Les bataillons isolés ont une compagnie de carabiniers, une de voltigeurs et sept de chasseurs composées comme celles des régiments, mais leur état-major est organisé ainsi qu'il suit :

Ainsi la force d'un bataillon isolé est de 684 hommes sur le pied de paix et de 1078 hommes sur celui de guerre.

GRADES.	PIED DE PAIX.	PIED DE GUERRE.
Chef de bataillon	1	1
Adjudant-major	1	1
Quartier-maître	1	1
Chirurgien-major	1	1
Sous aide chirurgien	»	1
TOTAUX	4	5
Adjudant sous-officier	1	1
Caporal tambour	1	1
Chefs. Tailleur	1	1
Chefs. Cordonnier	1	1
Chefs. Guêtrier	1	1
Chefs. Armurier	1	1
TOTAUX	10	11

Le major a été institué par l'arrêté du 1er vendémiaire an XII; le nombre des officiers de santé par celui du 9 frimaire même année; et les compagnies de voltigeurs par les décrets impériaux du 22 ventôse et du 25 thermidor an XII.

Toutes les autres dispositions sont prises dans l'arrêté du 20 vendémiaire an XI.

Cavalerie légère.

Chaque régiment de chasseurs et de hussards se compose d'un état-major et de huit compagnies formant quatre escadrons, ainsi qu'il suit :

ÉTAT-MAJOR.	PIED DE PAIX.		PIED DE GUERRE.	
	HOMMES.	CHEVAUX.	HOMMES.	CHEVAUX.
Colonel	1	3	1	4
Major	1	3	1	4
Chefs d'escadron	2	4	2	6
Adjudant-major	2	4	2	6
Quartier-maître	1	1	1	2
Chirurgiens major	1	1	1	1
Chirurgiens aide-major	»	»	1	1
Chirurgiens sous aide	1	1	2	2
TOTAUX	9	17	11	26
Adjudants-sous-officiers	2	2	2	2
Brigadier trompette	1	1	1	1
Artiste vétérinaire	1	1	1	1
Chefs tailleur	1	»	1	»
Chefs sellier	1	»	1	»
Chefs bottier	1	»	1	»
Chefs armurier-éperonnier	1	»	1	»
TOTAUX	17	21	19	30

COMPAGNIES.	PIED DE PAIX.		PIED DE GUERRE.	
	HOMMES.	CHEVAUX.	HOMMES.	CHEVAUX.
Capitaine	1	2	1	3
Lieutenants	1	1	1	2
Sous-lieutenants	2	2	2	4
TOTAUX	4	5	4	9
Maréchal des logis chef	1	1	1	1
Maréchaux des logis	4	4	4	4
Fourrier	1	1	1	1
Brigadiers	8	8	8	8
Soldats montés	48	48	86	86
Soldats non montés	36	»	10	»
Trompettes	2	2	2	2
TOTAUX	104	69	116	111

Ainsi, la force d'un régiment de chasseurs ou de hussards est de 849 hommes et 573 chevaux sur le pied de paix et de 947 hommes et 918 chevaux sur le pied de guerre.

La première compagnie de chaque régiment de cuirassiers, dragons, chasseurs et hussards porte la dénomination de compagnie d'élite ; elle a la même composition que les autres.

Dispositions applicables à tous les régiments de troupes à cheval.

On peut admettre deux enfants de troupe par compagnie dans chaque régiment ; les capitaines et lieutenants y sont classés de la manière suivante :

3 capitaines de 1re classe ;
5 capitaines de 2e classe ;
4 lieutenants de 1re classe ;
4 lieutenants de 2e classe.

NOTA. — La composition des régiments de carabiniers, de chasseurs et de hussards est réglée par l'arrêté du 18 vendémiaire an X.

Celle des régiments de cuirassiers et dragons par celui du 1er vendémiaire an XII, qui crée de plus des majors dans tous les corps et donne aux chefs de brigade le titre de colonel.

Le nombre des officiers de santé est déterminé par l'arrêté du 9 frimaire, même année.

Carabiniers et Cuirassiers.

Un régiment de carabiniers ou de cuirassiers se compose d'un état-major et de huit compagnies formant quatre escadrons ainsi qu'il suit :

ÉTAT-MAJOR.	PIED DE PAIX. Hommes.	PIED DE PAIX. Chevaux.	PIED DE GUERRE. Hommes.	PIED DE GUERRE. Chevaux.
Colonel	1	3	1	4
Major	1	3	1	4
Chefs d'escadron	2	4	2	6
Adjudants-majors	2	4	2	6
Quartier-maître	1	1	1	2
Chirurgiens. Major	1	1	1	1
Chirurgiens. Aide-major	»	»	1	1
Chirurgiens. Sous-aide	1	1	2	2
TOTAUX	9	17	11	26
Adjudants-sous-officiers	2	2	2	2
Brigadier trompette	1	1	1	1
Artiste vétérinaire	1	1	1	1
Chefs. Tailleur	1	»	1	»
Chefs. Sellier	1	»	1	»
Chefs. Bottier	1	»	1	»
Chefs. Culottier	1	»	1	»
Chefs. Armurier-éperonnier	1	»	1	»
TOTAUX	18	21	20	30

COMPAGNIES.	PIED DE PAIX. Hommes.	PIED DE PAIX. Chevaux.	PIED DE GUERRE. Hommes.	PIED DE GUERRE. Chevaux.
Capitaine	1	2	1	3
Lieutenant	1	1	1	2
Sous-lieutenant	1	1	1	2
TOTAUX	3	4	3	7
Maréchal des logis chef	1	1	1	1
Maréchaux des logis	2	2	2	2
Fourrier	1	1	1	1
Brigadiers	4	4	4	4
Soldats. Montés	60	60	74	74
Soldats. Non montés	8	»	»	»
Trompette	1	1	1	1
TOTAUX	80	73	86	90

Ainsi la force d'un régiment de carabiniers est de 658 hommes et 585 chevaux sur le pied de paix et de 708 hommes et 750 chevaux sur le pied de guerre.

Dragons.

Un régiment de dragons est composé d'un état-major et de huit compagnies formant quatre escadrons, ainsi qu'il suit :

ÉTAT-MAJOR.	PIED DE PAIX. Hommes.	PIED DE PAIX. Chevaux.	PIED DE GUERRE. Hommes.	PIED DE GUERRE. Chevaux.
Colonel	1	3	1	4
Major	1	3	1	4
Chefs d'escadron	2	4	2	6
Adjudants-majors	2	4	2	6
Quartier-maître	1	1	1	2
Chirurgiens. Major	1	1	1	1
Chirurgiens. Aide-major	»	»	1	1
Chirurgiens. Sous-aide	1	1	2	2
TOTAUX	9	17	11	26
Adjudants sous-officiers	2	2	2	2
Brigadier trompette	1	1	1	1
Artiste vétérinaire	1	1	1	1
Brigadier tambour	1	»	1	»
Chefs. Tailleur	1	»	1	»
Chefs. Sellier	1	»	1	»
Chefs. Bottier	1	»	1	»
Chefs. Culottier	1	»	1	»
Chefs. Armurier-éperonnier	1	»	1	»
TOTAUX	19	21	21	30

COMPAGNIES.	PIED DE PAIX. Hommes.	PIED DE PAIX. Chevaux.	PIED DE GUERRE. Hommes.	PIED DE GUERRE. Chevaux.
Troupes à cheval. Capitaine	1	2	1	3
Troupes à cheval. Lieutenant	1	1	1	2
Troupes à cheval. Sous-lieutenant	1	1	1	2
TOTAUX	3	4	3	7
Troupes à cheval. Maréchal des logis chef	1	1	1	1
Troupes à cheval. Maréchaux des logis	3	3	3	3
Troupes à cheval. Fourrier	1	1	1	1
Troupes à cheval. Brigadiers	6	6	6	6
Troupes à cheval. Dragons	54	54	72	72
Troupes à cheval. Maréchal ferrant	1	1	1	1
Troupes à cheval. Trompette	1	1	1	1
TOTAUX	70	71	88	92
Troupes à cheval. Sous-lieutenant	1	1	1	2
Troupes à cheval. Maréchal des logis	1	»	1	»
Troupes à cheval. Brigadiers	2	»	2	»
Troupes à cheval. Dragons	36	»	46	»
Troupes à cheval. Tambours	1	»	2	»
TOTAUX	111	72	140	94

Ainsi la force d'un régiment de dragons est de 907 hommes et 597 chevaux sur le pied de paix et de 1141 hommes et 782 chevaux sur celui de guerre.

On vient de former des régiments de dragons à pied tirés des anciens régiments de dragons et composés de huit compagnies fortes de 140 hommes chacune, mais ces régiments n'ont qu'une existence momentanée.

Bataillon de sapeurs.

Chaque bataillon sera composé d'un état-major et de neuf compagnies, ainsi qu'il suit :

ÉTAT-MAJOR.	PIED DE PAIX.	PIED DE GUERRE.
Chef de bataillon	1	1
Adjudant-major	1	1
Quartier-maître-trésorier	1	1
Chirurgien-major	1	1
TOTAUX	4	4
Adjudant-sous-officier	1	1
Caporal tambour	1	1
Chefs. Tailleur	1	1
Chefs. Cordonnier	1	1
Chefs. Bottier	1	1
TOTAUX	9	9

COMPAGNIES.	PIED DE PAIX.	PIED DE GUERRE.
Capitaines. En premier	1	1
Capitaines. En second	1	1
Lieutenants. En premier	1	1
Lieutenants. En second	1	1
TOTAUX	4	4
Sergent-major	1	1
Sergents	4	4
Fourrier	1	1
Caporaux	4	4
Maîtres ouvriers	4	4
Sapeurs. De 1re classe	12	24
Sapeurs. De 2e classe	36	36
Tambours	1	2
TOTAUX	67	80

Ainsi la force d'un bataillon de sapeurs est de 612 hommes sur le pied de paix et de 909 hommes sur celui de guerre.

Compagnie de mineurs.

Une compagnie de mineurs est composée ainsi qu'il suit :

COMPAGNIE.	PIED DE PAIX.	PIED DE GUERRE.
Capitaines. En premier	1	1
Capitaines. En second	1	1
Lieutenants. En premier	1	1
Lieutenants. En second	1	1
TOTAUX	4	4
Sergent-major	1	1
Sergents	4	4
Fourrier	1	1
Caporaux	4	4
Artificiers	4	4
Mineurs. De 1re classe	12	24
Mineurs. De 2e classe	56	36
Tambours	2	2
TOTAUX	68	100

Il n'est admis qu'un enfant de troupe par compagnie dans les corps de l'armée du génie; ces différentes compositions sont prises dans l'arrêté du 20 vendémiaire an II.

Régiment d'artillerie à pied.

Chaque régiment sera composé d'un état-major et de 22 compagnies ainsi qu'il suit :

ÉTAT-MAJOR.	PIED DE PAIX.	PIED DE GUERRE.
Colonel	1	1
Major	1	1
Chefs de bataillon	5	5
Quartier-maître	1	1
Adjudants-majors	2	2
Officier de santé	1	2
TOTAUX	11	12
Adjudants sous-officiers	4	4
Tambour-major	1	1
Caporal tambour	1	1
Artificier chef	1	1
Musiciens, dont 1 chef	8	8
Maîtres. Tailleur	1	1
Maîtres. Cordonnier	1	1
Maîtres. Armurier	1	1
TOTAUX	29	30

COMPAGNIES.	PIED DE PAIX.	PIED DE GUERRE.
Capitaines, en premier	1	1
Capitaines, en second	1	1
Lieutenants, en premier	1	1
Lieutenants, en second	1	1
TOTAUX	4	4
Sergent-major	1	1
Sergents	4	4
Fourrier	1	1
Caporaux	4	4
Artificiers	4	4
Canonniers de 1re classe	12	80
Canonniers de 2e classe (y compris 2 ouvriers en bois et en fer)	36	
Tambours	2	2
TOTAUX	68	100

Ainsi la force d'un régiment est de 1525 hommes sur le pied de paix et de 2,230 sur celui de guerre.

Régiment d'artillerie à cheval.

Chaque régiment sera composé d'un état-major et de 6 compagnies ainsi qu'il suit :

ÉTAT-MAJOR.	PIED DE PAIX.	PIED DE GUERRE.
Colonel	1	1
Major	1	1
Chefs d'escadrons	2	2
Quartier-maître	1	1
Adjudant-major	1	1
Officier de santé	1	1
TOTAUX	7	7
Adjudants sous-officiers	2	2
Trompette brigadier	1	1
Artiste vétérinaire	1	1
Maîtres. Tailleur	1	1
Maîtres. Bottier	1	1
Maîtres. Sellier	1	1
Maîtres. Armurier	1	1
TOTAUX	15	15

COMPAGNIES.	PIED DE PAIX.	PIED DE GUERRE.
Capitaines, en premier	1	1
Capitaines, en second	1	1
Lieutenants, en premier	1	1
Lieutenants, en second	1	1
TOTAUX	4	4
Maréchal des logis chef	1	1
Maréchaux des logis, dont 2 montés seulement	4	4
Fourrier	1	1
Brigadiers, dont 2 montés	4	4
Artificiers, non montés	4	4
Canonniers de 1re classe, dont 6 montés	12	80
Canonniers de 2e classe, dont 18 montés	36	
Trompettes	2	2
TOTAUX	68	100

Ainsi la force d'un régiment d'artillerie à cheval est de 423 hommes sur le pied de paix et de 615 sur le pied de guerre.
Le 6e régiment est à 7 compagnies.

Bataillon de pontonniers.

Chaque bataillon sera composé d'un état-major et de 8 compagnies, ainsi qu'il suit :

ÉTAT-MAJOR (1er BATAILLON).	PIED DE PAIX.	PIED DE GUERRE.
Chef de bataillon commandant	1	1
Quartier-maître	1	1
Adjudant-major	1	1
Officier de santé	1	1
TOTAUX	4	4
Adjudant sous-officier	1	1
Sergent-major (maître constructeur)	1	1
Caporal tambour	1	1
Maîtres… Tailleur	1	1
Maîtres… Cordonnier	1	1
Maîtres… Armurier	1	1
TOTAUX	10	10

COMPAGNIES.	PIED DE PAIX.	PIED DE GUERRE.
Capitaines… En premier	1	1
Capitaines… En second	1	1
Lieutenants… En premier	1	1
Lieutenants… En second	1	1
TOTAUX	4	4
Sergent-major	1	1
Sergents	4	4
Fourrier	1	1
Caporaux	4	4
4 ouvriers dont… Calfat	1	1
4 ouvriers dont… Charron	1	1
4 ouvriers dont… Ouvrier en fer	1	1
4 ouvriers dont… Ferblantier ou chaudronnier	1	1
48 pontonniers dont… Bateliers	24	80
48 pontonniers dont… Ouvriers	24	
Tambour	1	2
TOTAUX	67	100

Ainsi la force d'un bataillon de pontonniers est de 546 hommes sur le pied de paix et 840 sur le pied de guerre.

Bataillon du train.

Chaque bataillon sera composé d'un état-major et de six compagnies, ainsi qu'il suit :

ÉTAT-MAJOR.	PIED DE PAIX.	PIED DE GUERRE.
Capitaine commandant	1	1
Lieutenant adjudant-major	1	1
Quartier-maître sous-lieutenant	1	1
Officier de santé	1	1
TOTAUX	4	4
Adjudant sous-officier	1	1
Artiste vétérinaire	1	1
Chef des forges	1	1
Maîtres… Sellier	1	1
Maîtres… Cordonnier-bottier	1	1
Maîtres… Tailleur	1	1
Maîtres… Armurier	1	1
TOTAUX	11	11

COMPAGNIES.	PIED DE PAIX.	PIED DE GUERRE.
Lieutenant	1	1
Sous-lieutenant	1	
TOTAUX	2	1
Maréchal des logis chef	1	1
Maréchaux des logis	4	2
Fourrier	1	1
Brigadiers	5	4
Maréchaux ferrants	2	2
Bourreliers	2	2
Soldats	59	84
Trompettes	2	2
TOTAUX	78	99

Ainsi la force d'un bataillon du train est de 479 hommes sur le pied de paix et 605 sur le pied de guerre.

Compagnie d'ouvriers.

FORCE D'UNE COMPAGNIE.

DÉSIGNATIONS DIVERSES.	PIED DE PAIX.	PIED DE GUERRE.
Capitaines en premier	1	1
Capitaines en second	1	1
Lieutenants en premier	1	1
Lieutenants en second	1	1
TOTAUX	4	4
Sergent-major	1	1
Sergents	4	4
Fourrier	1	1
Caporaux	4	4
Maîtres armuriers	4	4
Premiers ouvriers	8	20
Seconds ouvriers	16	24
Apprentis	24	36
Tambour	1	2
TOTAUX	67	100

Organisation de la Garde impériale.

Décret du 10 thermidor an XII (29 juillet 1804).

TITRE PREMIER.

Art. 1er. — La Garde impériale sera composée, pour l'an XII et XIII, de :

1 état-major général.
1 régiment de grenadiers à pied.
1 régiment de chasseurs à pied.
1 régiment de grenadiers à cheval.
1 régiment de chasseurs à cheval.
1 corps d'artillerie.
1 légion d'élite de la gendarmerie.
1 bataillon de matelots.

Il sera attaché à chaque régiment d'infanterie un bataillon de vélites, et à celui des chasseurs à cheval une compagnie de mameloucks.

Il y aura une compagnie de vétérans de la Garde.

Art. 2. — L'état-major sera composé de quatre colonels-généraux, dont :

1 commandant les grenadiers à pied.
1 les chasseurs à pied.
1 l'artillerie et les marins.
1 la cavalerie.
1 inspecteur aux revues.
1 commissaire des guerres.
12 aides de camp.
1 chef de bataillon du génie.
1 bibliothécaire.

Les colonels-généraux recevront immédiatement les ordres de Sa Majesté.

INFANTERIE.

Art. 3. — Chaque régiment d'infanterie sera composé d'un état-major, de 2 bataillons de grenadiers ou chasseurs et d'un bataillon de vélites.

Les bataillons de grenadiers et de chasseurs auront huit compagnies, et ceux des vélites, cinq chacun.

Art. 4. — L'état-major d'un régiment d'infanterie sera composé de :

1 colonel.
1 major.
3 chefs de bataillon, dont un pour les vélites.
quartier-maître trésorier.
3 adjudants-majors, un pour les vélites.

3 sous-adjudants-majors, dont un pour les vélites.
2 porte-drapeaux.
3 officiers de santé, dont un pour les vélites.
1 élève chirurgien.
1 vaguemestre sergent-major.
1 tambour-major.
3 caporaux tambours.
1 chef de musique, rang de sous-major.
46 musiciens.
1 maître tailleur.
1 maître cordonnier.
2 armuriers, dont un pour les vélites.
1 guêtrier.

ART. 5. — Chaque compagnie de grenadiers ou chasseurs à pied sera composée de :

1 capitaine.
1 lieutenant en premier.
2 lieutenants en second.
1 sergent-major.
4 sergents.
1 fourrier.
8 caporaux.
2 sapeurs, rang de caporal.
80 grenadiers ou chasseurs.
2 tambours.

ART. 6. — Chaque compagnie de vélites sera composée, savoir :

1 capitaine.
1 lieutenant.
1 lieutenant en second.
1 sergent-major.
4 sergents.
1 fourrier.
8 caporaux.
172 vélites.
2 tambours.

ART. 7. — Les officiers et sous-officiers des compagnies de vélites seront fournis par les régiments de grenadiers et chasseurs où elles sont attachées ; ils y serviront par piquet durant un an, excepté ceux portés à l'état-major, et les sergents-majors et fourriers des compagnies qui y resteront définitivement.

Il y aura de plus, par la suite, dans chaque compagnie, 2 sergents et 4 caporaux pris parmi les vélites qui auront plus d'un an de service dans les corps.

ART. 8. — Sa Majesté réglera le nombre des maîtres de lecture, d'arithmétique et de gymnastique militaire qu'elle jugera convenable d'attacher à chaque bataillon de vélites, ainsi que les traitements dont ils devront jouir.

Il y aura ainsi des maîtres de mathématiques et de dessin, dont le traitement sera payé, partie par l'état-major et partie par ceux des vélites qui voudront prendre des leçons.

Chaque corps de vélites aura un manège; une compagnie sera commandée par des officiers de cavalerie.

CAVALERIE.

Art. 9. — Chaque régiment de grenadiers et de chasseurs à cheval sera composé d'un état-major et de quatre escadrons de deux compagnies chacun.

Art. 10. — L'état-major d'un régiment de cavalerie de grenadiers et chasseurs sera composé ainsi :

1 colonel.
1 major.
4 chefs d'escadron.
1 quartier-maître trésorier.
1 capitaine instructeur.
1 adjudant-major.
2 sous-adjudants-majors.
4 porte-étendards.
3 officiers de santé, dont un élève.
1 sous-instructeur maréchal des logis chef.
1 vaguemestre maréchal des logis chef.
1 artiste vétérinaire.
1 aide artiste vétérinaire.
1 trompette-major.
2 brigadiers trompettes.
1 timballier.
1 maître tailleur.
1 maître culottier.
1 maître bottier.
1 maître armurier.
1 maître sellier.
1 maître éperonnier.
1 maréchal ferrant.

Art. 11. — Chaque compagnie de grenadiers ou chasseurs à cheval sera composée de :

1 capitaine.
2 lieutenants en premier.
2 lieutenants en second.
1 maréchal des logis chef.
6 maréchaux des logis.
1 fourrier.
10 brigadiers.

96 grenadiers ou chasseurs.
3 trompettes.
1 maréchal ferrant.

Les colonels de chaque régiment à pied ou à cheval pourront être généraux de brigade, et, dans ce cas, ils jouiront des appointements qui ont été fixés dans l'an II.

Les majors de chaque régiment à pied ou à cheval auront rang de colonel dans la ligne; ils pourront avoir celui de colonel dans la Garde.

MAMELOUCKS.

ART. 12. — La compagnie de mameloucks sera attachée au régiment de chasseurs à cheval et composée ainsi qu'il est prescrit par arrêté du 30 nivôse an XII, savoir :

État-major français.

1 capitaine commandant.
1 officier de santé.
1 adjudant sous-lieutenant.
1 artiste vétérinaire.
1 maître sellier.
1 maître tailleur.
1 maître cordonnier.

Mameloucks.

2 capitaines.
2 lieutenants en premier.
2 lieutenants en second.
2 sous-lieutenants.
1 maréchal des logis chef français.
8 maréchaux des logis, dont 2 français.
1 fourrier français.
10 brigadiers, dont 2 français.
2 trompettes.
85 mameloucks.
2 maréchaux ferrants.

ART. 13. — Les vieillards, femmes et enfants de la même nation, réfugiés près de cette compagnie, recevront, sur la revue de l'inspecteur, les secours qui leur ont été accordés et dont l'état nominatif a été arrêté par Sa Majesté.

ARTILLERIE.

ART. 14. — Le corps de l'artillerie sera composé d'un état-major, d'un escadron d'artillerie légère, d'une section d'ouvriers et de quatre compagnies du train.

ART. 15. — L'état-major sera composé de :

1 colonel.

2 chefs d'escadron commandant une compagnie chacun.
1 quartier-maître.
1 adjudant-major.
2 sous-adjudants-majors lieutenants ou sous-lieutenants, dont un pour le train.
1 lieutenant instructeur.
1 porte-étendard.
2 officiers de santé.
1 professeur de mathématiques.
1 adjudant sous-officier pour le train.
1 artiste vétérinaire.
1 aide artiste vétérinaire.
1 brigadier trompette.
1 vaguemestre maréchal des logis.
1 maître tailleur.
1 maître culottier.
1 maître bottier.
1 sellier-bourrelier.
1 armurier-éperonnier.

ART. 16. — Chaque compagnie d'artillerie légère sera composée de :

1 chef d'escadron.
1 capitaine en second.
1 lieutenant en premier.
1 lieutenant en second.
1 maréchal des logis chef.
6 maréchaux des logis.
1 fourrier.
6 brigadiers.
4 artificiers, dont un brigadier sur les deux compagnies.
34 canonniers de 1re classe.
38 canonniers de 2e classe, dont 2 tailleurs.
3 trompettes.
1 maréchal ferrant.

ART. 17. — La section d'ouvriers d'artillerie sera composée de :

1 capitaine en second.
1 sergent.
1 caporal.
4 ouvriers de 1re classe.
6 ouvriers de 2e classe.
6 apprentis.

ART. 18. — Les employés du parc seront au nombre de neuf :

1 garde d'artillerie.
4 sous-gardes.
4 conducteurs.

ART. 19. — Les quatre compagnies du train seront commandées par un capitaine commandant.

Chaque compagnie sera composée de :

1 lieutenant ou sous-lieutenant.
1 maréchal des logis chef.
4 maréchaux des logis.
1 fourrier.
6 brigadiers.
26 soldats de 1re classe.
72 soldats de 2e classe.
2 trompettes.
2 maréchaux ferrants.
2 bourreliers.

LÉGION D'ÉLITE DE LA GENDARMERIE.

ART. 20. — La légion de gendarmerie sera composée ainsi qu'il est prescrit par l'arrêté du 28 ventôse an x, d'un état-major, de deux escadrons de chacun deux compagnies, et d'un demi-bataillon formé des deux compagnies.

ART. 21. — L'état-major de la légion d'élite sera composé de :

1 colonel ou chef de légion.
1 major.
2 chefs d'escadrons, dont un pour l'infanterie.
1 quartier-maître.
1 adjudant-major.
2 sous-adjudants-majors, un pour l'infanterie.
2 officiers de santé.
2 porte-étendards.
1 porte-drapeau.
1 artiste vétérinaire.
12 musiciens, dont un chef.
1 maître tailleur-guêtrier.
1 maître sellier.
1 maître culottier.
1 maître bottier.
1 armurier-éperonnier.

ART. 22. — Chaque corps sera composé de :

1 capitaine.
2 lieutenants en premier.
1 maréchal des logis chef.
3 maréchaux des logis.
1 fourrier.
6 brigadiers.
72 gendarmes.
2 trompettes.
1 maréchal ferrant.

Art. 23. — Chaque compagnie de gendarmes à pied sera composée de :

1 capitaine.
2 lieutenants.
1 maréchal des logis chef.
5 maréchaux des logis.
1 fourrier.
10 brigadiers.
100 gendarmes.
2 tambours.

MATELOTS.

Art. 24. — Le bataillon de matelots sera composé d'un état-major et de cinq équipages.

Art. 25. — L'état-major sera composé de :

1 capitaine de vaisseau commandant le bataillon.
1 adjudant-major.
1 quartier-maître trésorier.
1 officier de santé.

Art. 26. — Chaque équipage de matelots sera composé de :

1 capitaine de frégate ou commandant de vaisseau.
5 lieutenants ou enseignes.
5 maîtres.
5 contremaîtres.
5 quartiers-maîtres.
125 matelots de 1re, 2e, 3e et 4e classes.
1 trompette ou tambour.

Art. 27. — Il sera formé à Paris un dépôt de marins destiné à tenir constamment au complet les cinq équipages du bataillon de matelots.

Le dépôt sera composé de :

1 maître.
2 contremaîtres.
3 quartiers-maîtres.
60 matelots.

Art. 28. — Les marins seront levés dans les différents quartiers des classes ; mais en majeure partie, pour la première formation, dans ceux du midi et de l'île de Corse.

Art. 29. — Les officiers, mariniers et matelots composant le dépôt, seront soumis à la même discipline et jouiront des mêmes avantages que ceux attachés aux différents équipages du bataillon.

Art. 30. — Il sera alloué, par chaque individu composant le bataillon des matelots, 12 francs par homme par an, pour sa masse d'entretien.

Art. 31. — Il sera attaché à chaque équipage un officier de plus pris parmi les lieutenants de vaisseaux ou enseignes de vaisseaux.

Art. 32. — Le bataillon des matelots aura :

1 maître cordonnier.
1 maître tailleur.
1 maître armurier.

qui seront traités comme ceux des grenadiers à pied.

Art. 33. — Les officiers composant le bataillon recevront l'indemnité de logement comme les autres officiers de la Garde.

. . . .

RECRUTEMENT.

Il sera fait, par chaque régiment d'infanterie, de cavalerie, d'artillerie à pied et à cheval et par chaque bataillon du train, une liste de 10 sous-officiers et soldats susceptibles d'être appelés à faire partie de la Garde, au fur et à mesure des besoins que les corps de la Garde éprouveront.

Les conditions à remplir pour être compris dans ces listes sont, savoir :

Pour les régiments de dragons et chasseurs, six ans de service au moins et deux campagnes, la taille de 1 mètre 733 millimètres (5 pieds 4 pouces).

Pour les régiments de hussards, même temps de service et la taille de 1 mètre 705 millimètres (5 pieds 3 pouces).

Pour les régiments de carabiniers, cuirassiers, artillerie à pied et à cheval, même service et la taille de 1 mètre 760 millimètres (5 pieds 5 pouces).

Pour les régiments d'infanterie de ligne et légère, cinq ans de service et deux campagnes, la taille de 1 mètre 760 millimètres (5 pieds 5 pouces), pour la moitié des sujets compris dans chaque liste des régiments d'infanterie de ligne, et celle de 1 mètre 705 millimètres (5 pieds 3 pouces) pour l'autre moitié, ainsi que les 10 hommes que chaque régiments d'infanterie légère désignera.

Pour les bataillons du train, même temps de service et la taille de 1 mètre 678 millimètres au moins (5 pieds 2 pouces).

Les sujets devront d'ailleurs s'être constamment distingués par leur conduite morale et militaire.

La formation de ces listes appartiendra aux chefs des corps ; leur choix doit porter sur tous les hommes présents ou détachés. Aucun chef de corps ne pourra se refuser à porter des sous-officiers dans la liste, sous prétexte qu'en entrant dans la Garde, si ces sous-officiers sont dans le cas d'en faire momentanément le sacrifice, ils ont bientôt obtenu de l'avancement dans la Garde, lorsqu'ils s'y conduisent bien.

Conformément aux intentions de l'Empereur, on présentera ces listes aux inspecteurs-généraux d'armes, et, à leur défaut, aux généraux commandant les départements, qui demeurent chargés de passer la revue des hommes désignés et d'approuver définitivement les listes sur lesquelles ils seront portés, en s'assurant, sur le rapport des chefs, à l'égard des candidats qui appartiendraient aux bataillons ou escadrons éloignés, qu'ils ont toutes les qualités requises.

Les listes de désignation seront formées en double expédition ; elles indiqueront les noms, prénoms des sujets, leurs grade, âge, taille, lieu de naissance et de département, domicile et profession avant d'entrer au service, la profession de leurs parents ; elles contiendront le détail de leurs services et campagnes.

Après qu'elles auront été approuvées par les inspecteurs-généraux d'armes, ou par les généraux commandant les départements, l'on en fera l'envoi au Ministre de la guerre et on lui adressera ensuite, dans les cinq premiers jours de chaque mois, l'état des mutations qui sont survenues parmi les hommes désignés.

Ces militaires resteront à leur corps jusqu'à ce que le Ministre de la guerre prescrive de les faire passer dans la Garde.

ARMÉE DES COTES.

Hommes ayant droit à la haute paye.

CORPS.	NOMBRE D'HOMMES AYANT plus de 25 ans de service.	de 20 à 25 ans de service.	de 15 à 20 ans de service.	de 10 à 15 ans de service.	TOTAL.	ANNÉES DE SERVICE du plus ancien soldat.
8e régiment d'infanterie de ligne.	6	6	10	415	437	41
11e Id.	8	22	20	488	538	33
14e Id.	3	8	6	250	267	28
17e Id.	2	11	7	520	540	28
21e Id.	1	4	5	522	532	29
27e Id.	5	14	3	569	591	»
28e Id.	2	2	2	203	209	27
32e Id.	3	4	6	282	295	37
34e Id.	15	22	21	701	759	»
36e Id.	3	5	6	591	605	27
39e Id.	0	12	8	308	328	23
76e Id.	9	7	4	494	536	37
96e Id.	3	6	7	336	352	50
10e régiment d'infanterie légère.	0	13	9	572	594	»
13e Id.	12	8	13	885	918	»
24e Id.	0	8	11	508	525	»
27e Id.	3	4	15	412	434	»
2e régiment de carabiniers.	3	6	12	128	149	»
2e régiment de cuirassiers.	7	3	7	66	83	»
3e Id.	6	4	4	75	89	»
5e Id.	5	9	9	52	75	»
9e Id.	11	10	7	102	130	»
10e Id.	3	7	3	102	115	»
11e Id.	2	11	7	75	95	»
12e Id.	11	4	10	67	92	»
1er régiment de hussards	2	9	15	118	144	»
2e Id	4	14	16	124	158	»
3e Id.	10	7	9	129	155	»
1er régiment de chass. à cheval.	3	5	6	104	118	»
2e Id.	4	3	14	96	117	»
3e Id.	4	13	17	127	161	»
5e Id.	0	6	10	154	170	»
8e Id.	10	4	16	107	137	»
12e Id.	7	5	9	134	155	»
26e Id.	7	13	33	85	138	»
1er régiment de dragons.	6	0	8	101	115	»
2e Id.	0	4	7	202	213	»
4e Id.	5	5	5	143	158	»
11e Id.	0	10	6	130	146	»
12e Id.	3	8	3	183	197	»
13e Id.	3	2	4	101	110	»
16e Id.	4	2	8	100	114	»
19e Id.	0	3	5	78	86	»
21e Id.	5	16	36	83	140	»
26e Id.	11	8	1	95	125	»
27e Id.	2	4	5	73	84	»

État sommaire des hommes qui ont fait la guerre dans les différents corps composant l'armée des côtes.

(Exécution de l'ordre du 12 thermidor an XIII.)

DÉSIGNATION DES CORPS.	EFFECTIF.	HOMMES ayant fait la guerre.
AVANT-GARDE.		
Grenadiers.		
1er rég. { Bon d'élite du 13e de lig.	786	223
Id. 58e id.	785	563
2e rég. { Id. 9e id.	729	197
Id. 81e id.	785	?
3e rég. { Id. 2e léger.	786	344
Id. 3e id.	793	175
4e rég. { Id. 28e id.	781	331
Id. 31e id.	790	361
5e rég. { Id. 12e id.	785	622
Id. 15e id.	785	128
Artillerie.................	?	?
2e comp. du 2e bat. de sapeurs.	104	82
Totaux...	7,114	3,026
Division Gazan.		
4e rég. d'infanterie légère...	1,873	868
100e id. de ligne.	2,094	1,316
103e id. id.	2,206	1,381
Sapeurs..................	208	132
Totaux. .	6,381	3,697
CORPS DE DROITE.		
Division Bisson.		
13e rég. d'infanterie légère...	1,761	951
17e id. de ligne.	1,944	569
30e id. id.	1,631	665
51e id. id.	1,820	959
61e id. id.	1,756	587
Totaux ..	8,912	3,731

DÉSIGNATION DES CORPS.	EFFECTIF.	HOMMES ayant fait la guerre.
Division Friant.		
21e rég. d'infanterie légère...	1,355	515
33e id. de ligne.	1,677	542
48e id. id.	1,685	1,048
108e id. id.	1,893	903
111e id. id.	1,943	491
Totaux...	8,553	3,499
Division Gudin.		
12e rég. d'infanterie de ligne.	1,781	544
21e id. id.	1,862	1,082
25e id. id.	1,866	435
85e id. id.	1,815	479
Totaux...	7,324	2,540
Cavalerie.		
1er rég. de chasseurs.......	525	215
7e rég. de hussards........	520	229
Artillerie.........	?	?
8e comp. de mineurs.......	104	62
6e, 7e et 8e comp. du 2e bat. de sapeurs..............	312	245
8e comp. du 5e bat. de sapeurs................	104	90
Totaux...	1,565	841
CORPS DU CENTRE.		
Division Saint-Hilaire.		
10e rég. d'infanterie légère...	1,711	1,084
14e id. de ligne.	1,856	741
36e id. id.	1,881	1,164
43e id. id.	1,889	732
55e id. id.	1,866	910
Totaux...	9,203	4,631

DÉSIGNATION DES CORPS.	EFFECTIF.	HOMMES ayant fait la guerre.
DIVISION VANDAMME.		
Tirailleurs du Pô	891	260
24e rég. d'infanterie légère	1,739	660
4e id. de ligne	2,059	819
28e id. id.	1,853	484
46e id. id.	1,796	949
57e id. id.	1,893	988
TOTAUX	10,231	4,160
DIVISION LEGRAND.		
Bataillon corse	949	22
26e rég. d'infanterie légère	1,809	461
3e id. de ligne	1,870	984
22e id. id.	1,791	588
72e id. id.	1,721	312
75e id. id.	1,999	370
TOTAUX	10,139	2,737
DIVISION SUCHET.		
17e rég. d'infanterie légère	1,980	1,012
34e id. de ligne	1,804	1,140
40e id. id.	1,767	1,183
64e id. id.	1,823	525
88e id. id.	1,813	749
TOTAUX	9,187	4,609
Cavalerie.		
11e rég. de chasseurs	516	314
8e rég. de hussards	493	300
Artillerie	1,949	1,001
6e comp. de mineurs	100	55
9e comp. du 2e bat. de sapeurs	88	82
1re, 2e, 3e et 4e comp. du 5e bat. de sapeurs	389	337
TOTAUX	3,535	2,089

DÉSIGNATION DES CORPS.	EFFECTIF.	HOMMES ayant fait la guerre.
CORPS DE GAUCHE.		
DIVISION DUPONT.		
9e rég. d'infanterie légère	1,952	842
32e id. de ligne	1,794	439
96e id. id.	1,795	684
TOTAUX	5,541	1,965
DIVISION LOISON.		
6e rég. d'infanterie légère	1,918	735
39e id. de ligne	1,780	593
69e id. id.	1,828	421
76e id. id.	1,904	1,172
TOTAUX	7,430	2,921
DIVISION MALHER.		
25e rég. d'infanterie légère	1,802	805
27e id. de ligne	1,843	1,211
50e id. id.	1,889	1,279
59e id. id.	1,884	612
TOTAUX	7,418	3,907
Cavalerie.		
3e rég. de hussards	483	316
10e rég. de chasseurs	491	279
TOTAUX	974	595
Artillerie.		
Artillerie à pied (?)	501	169
Artillerie à cheval	190	65
Pontonniers (?)	47	54
Ouvriers	64	36
Armuriers	20	14
Soldats du train (?)	578	157
Mineurs	100	72
Sapeurs	291	270
TOTAUX	1,791	837

DÉSIGNATION DES CORPS.	EFFECTIF.	HOMMES ayant fait la guerre.
CORPS DE RÉSERVE.		
DIVISION BARAGUEY-D'HILLIERS.		
Dragons à pied............	2,413	1,331
Hussards et Chasseurs à pied.		
2e chasseurs..............	194	62
21e id.	154	63
10e hussards..............	151	50
12e chasseurs.............	162	59
13e id.	155	61
9e hussards...............	169	73
TOTAUX...	985	368
DIVISION TEULIÉ (Italiens).		
1er rég. d'infanterie légère...	1,612	492
2e id. id.	1,520	90
1er id. de ligne.	1,621	598
1re comp. de sapeurs.......	95	13
TOTAUX...	4,848	1,193

DÉSIGNATION DES CORPS.	EFFECTIF.	HOMMES ayant fait la guerre.
DIVISION BOURCIER.		
2e rég. de chasseurs........	336	232
12e id.	341	283
13e id.	340	278
21e id.	343	320
9e rég. de hussards........	343	271
10e id.	342	205
TOTAUX...	2,045	1,589
DIVIS ON KLEIN.		
1er rég. de dragons.........	383	177
2e id.	420	260
14e id.	400	108
19e id.	394	118
20e id.	446	155
4e id.	363	271
10e id.	384	255
11e id.	358	265
13e id.	371	174
TOTAUX...	3,519	1,783
TOTAUX GÉNÉRAUX...	......	52,099

Désertion en l'an XIII.

RÉGIMENTS.	RECRUES.	DÉSERTEURS.	RÉGIMENTS.	RECRUES.	DÉSERTEURS.
3e de ligne	692	242	5e cuirassiers	100	19
4e id.	967	137	9e id.	53	24
8e id.	80	17	10e id.	95	15
11e id.	787	152	11e id.	132	12
12e id.	1,207	162	12e id.	110	2
14e id.	792	239	1er dragons	177	11
17e id.	275	113	2e id.	51	14
18e id.	1,625	678	3e id.	704	140
21e id.	442	103	4e id.	386	92
25e id.	297	92	5e id.	133	9
27e id.	815	94	11e id.	73	21
28e id.	610	161	12e id.	204	31
30e id.	322	114	13e id.	25	22
33e id.	457	50	14e d.	197	16
34e id.	1,333	342	15e id.	139	29
36e id.	766	102	16e id.	254	41
39e id.	159	92	17e id.	201	13
69e id.	910	224	18e id.	211	35
76e id.	419	29	19e id.	117	35
88e id.	376	29	20e id.	225	9
96e id.	421	150	21e id.	73	32
4e légère	246	130	22e id.	71	19
6e id.	1,289	331	25e id.	152	20
9e id.	875	178	26e id.	84	21
10e id.	308	60	27e id.	64	30
13e id.	102	12	1er hussards	51	8
15e id.	175	25	2e id.	10	8
17e id.	1,044	353	3e id.	18	6
18e id.	306	16	1er chasseurs	27	0
24e id.	319	282	2e id.	31	10
25e id.	637	156	5e id.	17	5
26e id.	433	63	8e id.	19	12
27e id.	193	21	12e id.	11	18
1er carabiniers	68	3	16e id.	15	6
2e id.	53	5	21e id.	156	76
2e cuirassiers	108	3	22e id.	90	13
3e id.	100	10	26e id.	52	47

Chemin que tiendront les troupes qui suivent la route du centre.

10 fructidor an XIII (28 août 1805).

Divisions militaires.	Départements et	gîtes.	1re division de dragons. Dates.	Rations de pain.	Division de grenadiers. Dates.	Rations de pain.	Corps d'armée du maréchal Soult. 1re division (8,500 hommes). Dates.	Rations de pain.	2e division (9,000 hommes). Dates.	Rations de pain.	3e division (6,500 hommes). Dates.	Rations de pain.	4e division (8,000 hommes). Dates.	Rations de pain.	Cavalerie (1900 hommes). Dates.	Rations de pain.
16e	Pas-de-Calais.	Surques	—	»	8 fruct.	»	10 fruct.	»	12 fruct.	»	13 fruct.	»	15 fruct.	»	16 fruct.	»
		Saint-Omer	—	2	9 »	2	11 »	2	13 »	2	14 »	2	16 »	2	17 »	2
		Aire	8 fruct.	»	10 »	»	12 »	»	14 »	»	15 »	»	17 »	»	18 »	»
		Béthune	9 »	2	11 »	2	13 »	2	15 »	2	16 »	2	18 »	2	19 »	2
		Lens	10 »	»	12 »	»	14 »	»	16 »	»	17 »	»	19 »	»	20 »	»
	Nord.	Douai	11-12 »	3	13-14 »	3	15-16 »	3	17 »	1	18-19 »	3	20 »	1	21-22 »	3
		Cambrai	13 »	»	15 »	»	17 »	»	18-19 »	2	20 »	»	21-22 »	2	23 »	»
		Landrecies	14 »	2	16 »	2	18 »	2	20 »	2	21 »	2	23 »	2	24 »	2
		Avesnes	15 »	»	17 »	»	19 »	»	21 »	»	22 »	»	24 »	»	25 »	»
1re	Aisne.	Hirson	16 »	2	18 »	2	20 »	2	22 »	2	23 »	2	25 »	2	26 »	2
2e	Ardennes	Maubert-Fontaine	17 »	»	19 »	»	21 »	»	23 »	»	24 »	»	26 »	»	27 »	»
		Mézières	18-19 »	3	20-21 »	3	22-23 »	3	24 »	1	25-26 »	3	27 »	1	28-29 »	3
		Sedan	20 »	»	22 »	»	24 »	»	25-26 »	2	27 »	»	28-29 »	2	30 »	»
	Meuse.	Stenay	21 »	2	23 »	2	25 »	2	27 »	2	28 »	2	30 »	2	1er comp	2
		Sivry	22 »	»	24 »	»	26 »	»	28 »	»	29 »	»	1er comp.	»	2 »	»
		Verdun	23 »	2	25 »	2	27 »	2	29 »	2	30 »	2	2 »	2	3 »	2
3e	Moselle.	Mars-la-Tour	24 »	»	26 »	»	28 »	»	30 »	»	1er comp.	»	3 »	»	4 »	»
		Metz	25-26 »	3	27-28 »	3	29-30 »	3	1er comp.	3	2-3 »	3	4-5 »	3	5-1er v.	3
		Solgne	27 »	»	29 »	»	1er comp.	»	2-3 »	»	4 »	»	1er vend.	»	2 »	»
4e	Meurthe.	Vic	28 »	2	30 »	2	2 »	2	4 »	2	5 »	2	2 »	2	3 »	2
		Maizières	29 »	»	1er comp.	»	3 »	»	5 »	»	1er vend.	»	3 »	»	4 »	»
		Sarrebourg	30 »	2	2 »	2	4 »	2	1er vend.	2	2 »	2	4 »	2	5 »	2
5e	Bas-Rhin.	Saverne	1er comp	»	3 »	»	5 »	»	2 »	»	3 »	»	5 »	»	6 »	»
		Strasbourg	2 »	»	4 »	»	1er vend.	»	3 »	»	4 »	»	6 »	»	7 »	»

Chemin que tiendront les troupes qui suivent la route de droite.

Du 10 fructidor an XIII (28 août).

Divisions militaires.	Gîtes et départements.	2e divis. de dragons (1,800 hommes). Dates.	Rations de pain à toucher.	3e divis. de dragons (2,000 hommes). Dates.	Rations de pain à toucher.	Dragons à pied (6,000 hommes). Dates.	Rations de pain à toucher.
	Pas-de-Calais :						
	Saint-Omer	....	3	....	3	....	3
	Montreuil	....	»	....	»	....	»
	Fruges	8 fructidor.	»	9 fructidor.	»	10 fructidor.	»
16e.	Hesdin	....	»	....	»	....	»
	Saint-Pol	9 fructidor.	»	10 fructidor.	»	11 fructidor.	»
	Arras	10 »	2	11 »	2	12 »	2
	Bapaume	11 »	»	12 »	»	13 »	»
	Somme :						
15e.	Péronne	12 »	1	13 »	2	14 »	1
	Aisne :						
	Saint-Quentin	13 »	2	14 »	»	15-16 »	3
1re.	La Fère	14 »	»	15-16 »	2	17 »	»
	Laon	15-16 »	3	17 »	2	18 »	2
	Craonne et Corbeny	17 »	»	18 »	»	19 »	»
	Marne :						
	Reims	18 »	2	19 »	2	20 »	2
2e.	Petites-Loges	19 »	»	20 »	»	21 »	»
	Châlons	20 »	2	21 »	2	22-23 »	3
	Vitry	21 »	»	22 »	»	24 »	»
	Haute-Marne :						
18e.	Saint-Dizier	22 »	1	23-24 »	2	25 »	1
	Meuse :						
2e.	Ligny	23-24 »	3	25 »	2	26 »	2
	Void	25 »	»	26 »	»	27 »	»
	Meurthe :						
	Toul	26 »	2	27 »	2	28 »	1
4e.	Nancy	27 »	»	28 »	»	29-30 »	»
	Lunéville	28 »	2	29-30 »	3	1er compl.	2
	Baccarat	29 »	»	1er compl.	»	2 »	»
	Vosges :						
4e.	Saint-Dié	30-1er comp.	3	2 »	2	3 »	2
	Bas-Rhin :						
	Sainte-Marie-aux-Mines	2 »	»	3 »	»	4 »	»
5e.	Schelestadt	3 »	1	4 »	1	5 »	1
	Strasbourg	4 »	»	5 »	»	1er vendém.	»

Gîtes et départements.	Corps d'armée de M. le maréchal Ney. 1re division (6,000 hommes). Dates.	Rations de pain à toucher.	2e division (8,000 hommes). Dates.	Rations de pain à toucher.	3e division (7,500 hommes). Dates.	Rations de pain à toucher.	Brigade de cavalerie (700 hommes). Dates.	Rations de pain à toucher.	Division du général Gazan. Dates.	Rations de pain à toucher.
Pas-de-Calais :										
Saint-Omer	....	1	....	1	....	1	....	1	....	2
Montreuil	....	»	12 fructidor.	»	13 fructidor.	»	14 fructidor.	»	15 fructidor.	»
Fruges	....	»	....	»	....	»	....	»	....	»
Hesdin	10-11 fruct.	3	13 fructidor.	2	14 fructidor.	2	15 fructidor.	2	16 fructidor.	2
Saint-Pol	12 »	»	14 »	»	15 »	»	16 »	»	17 »	»
Arras	13 »	2	15 »	2	16 »	2	17 »	1	18-19 »	2
Bapaume	14 »	»	16 »	»	17 »	»	18-19 »	3	20 »	2
Somme :										
Péronne	15-16 »	2	17 »	1	18-19 »	2	20 »	»	21 »	»
Aisne :										
Saint-Quentin	17 »	2	18-19 »	3	20 »	2	21 »	2	22 »	1
La Fère	18 »	»	20 »	»	21 »	»	22 »	»	23-24 »	2
Laon	19 »	2	21 »	2	22 »	2	23-24 »	3	25 »	2
Craonne et Corbeny	20 »	»	22 »	»	23 »	»	25 »	»	26 »	»
Marne :										
Reims	21-22 »	3	23 »	2	24-25 »	3	26 »	2	27-28 »	3
Petites-Loges	23 »	»	24 »	»	26 »	»	27 »	»	29 »	»
Châlons	24 »	2	25-26 »	3	27 »	2	28-29 »	3	30 »	2
Vitry	25 »	»	27 »	»	28 »	»	30 »	»	1er compl.	»
Haute-Marne :										
Saint-Dizier	26-27 »	2	28 »	1	29 »	1	1er compl.	1	2 »	1
Meuse :										
Ligny	28 »	2	29 »	2	30 »	2	2 »	2	3 »	2
Void	29 »	»	30 »	»	1er compl.	»	3 »	»	4 »	»
Meurthe :										
Toul	30 »	2	1er compl.	1	2-3 »	3	4 »	1	5-1er vend.	3
Nancy	1er compl.	»	2-3 »	»	4 »	»	5-1er vend.	»	2 »	»
Lunéville	2-3 »	3	4 »	2	5 »	2	2 »	2	3 »	2
Baccarat	4 »	»	5 »	»	1er vendém.	»	3 »	»	4 »	»
Vosges :										
Saint-Dié	5 »	2	1er vendém.	2	2 »	2	4 »	2	5 »	2
Bas-Rhin :										
Sainte-Marie-aux-Mines	1er vendém.	»	2 »	»	3 »	»	5 »	»	6 »	»
Schelestadt	2 »	»	3 »	»	4 »	»	6 »	»	7 »	»
Strasbourg	....	»	....	»	....	»	....	»	....	»

(On remarquera que ce tableau ne prévoit pas de rations de pain pour les troupes séjournant à Nancy.)

Chemin que tiendra le corps d'armée commandé par le maréchal Davout.

Le 10 fructidor an XIII (28 août 1805).

DIVISIONS MILITAIRES.	GÎTES et DÉPARTEMENTS.	1re DIVISION		2e DIVISION		3e DIVISION		BRIGADE DE CAVALERIE	
		partant d'Ambleteuse avec du pain pour 3 jours.							
		DATES.	Jours de pain.	DATES.	Jours de pain.	DATES.	Jours de pain.	DATES.	Jours de pain.
	Pas-de-Calais :								
16e...	Ardres.	10 fructidor.	»	12 fructidor.	»	13 fructidor.	»	14 fructidor.	»
	Watten.	11 »	1	13 »	»	14 »	»	15 »	»
	Nord :								
16e...	Cassel.	12 »	1	14 »	1	15 »	1	16 »	1
	Bailleul.	13 »	1	15 »	2	16 »	1	17-18 »	»
	Lille.	14-15 »	2	16 »	»	17-18 »	2	19 »	»
	Jemmapes :								
	Tournay.	16 »	2	17-18 »	3	19 »	2	20 »	1
24e...	Ath.	17 »	»	19 »	»	20 »	»	21-22 »	2
	Mons.	18 »	2	20 »	2	21-22 »	3	23 »	2
	Binche.	19 »	»	21 »	»	23 »	»	24 »	»
	Charleroi.	20 »	1	22-23 »	2	24 »	1	25 »	1
	Sambre-et-Meuse :								
25e...	Namur.	21-22 »	3	24 »	2	25 »	2	26-27 »	3
	Chimay.	23 »	»	25 »	»	26 »	»	28 »	»
	Marche-en-Famine.	24 »	2	26 »	2	27-28 »	3	29 »	2
	Saint-Hubert.	25 »	»	27 »	»	29 »	»	30 »	»
	Forêts :								
3e...	Noufchâteau.	26 »	2	28-29 »	3	30 »	2	1er jr comp.	2
	Arlon.	27 »	»	30 »	»	1er jr comp.	»	2 »	»
	Luxembourg.	28-20 »	2	1er jr comp.	1	2 »	1	3-4 »	2
	Moselle :								
	Thionville.	30 »	2	2 »	2	3-4 »	3	5 »	2
	Bouzonville.	1er jr comp.	»	3 »	»	5 »	»	1er vendém.	»
3e...	Sarrelibre.	2 »	2	4-5 »	3	1er vendém.	2	2 »	2
	Sarrebrück.	3 »	»	1er vendém.	»	2 »	»	3 »	»
	Sarreguemines.	4-5 »	2	2 »	1	3 »	1	4-5 »	2
	Bitche.	1er vendém.	2	3 »	2	4 »	2	6 »	2
	Bas-Rhin :								
5e...	Niederbronn.	2 »	»	4 »	»	5 »	»	7 »	»
	Haguenau.	3 »	»	5 »	»	6 »	»	8 »	»

TABLE DES MATIÈRES

Paris. — Imprimerie R. Chapelot et Ce, 2, rue Christine.

TABLE DES MATIÈRES

ITINÉRAIRE DE L'ARMÉE

Désignation des corps.	Emplacement	Fructidor an XIII.																							Jours complémentaires.					Vendémiaire an XIV.							
		8.	9.	10	11.	12.	13.	14	15.	16	17.	18.	19.	20.	21.	22.	23.	24.	25.	26	27.	28.	29.	30.	1er	2e	3e	4e	5e	1er.	2	3	4.	5	6.	7.	8
[illegible]	[illegible]	[illegible]	[illegible]	[illegible]	Béthune.	Lens.	Douai	Séjour	Cambrai.	Landrecies.	Avesnes.	[illegible]	[illegible]	Mézières.	Séjour.	Sedan.	[illegible]	[illegible]	Verdun.	Mars-la-Tour.	Metz.	Séjour	Séjour.	[illegible]	[illegible]	Sarrebourg.	Saverne.	Strasbourg	.	.	.	.	.	.	.	.	.
[illegible]	[illegible]	Cassel.	[illegible]	Lille	Séjour.	Tournay.	Ath.	Mons.	Binche	Charleroi.	[illegible]	[illegible]	Chimay.	[illegible]	St-Hubert.	[illegible]	[illegible]	Luxembourg	Séjour.	Thionville.	[illegible]	[illegible]	[illegible]	[illegible]	[illegible]	Saverne.	[illegible]	[illegible]	[illegible]	[illegible]	.	.	.	.	.	.	.
[illegible]	Id.	[illegible]	St-Pol	Arras.	[illegible]	Péronne.	St-Quentin.	La Fère	Laon.	Séjour.	[illegible]	Reims.	[illegible]	[illegible]	[illegible]	[illegible]	Ligny.	Séjour.	Void	Toul	[illegible]	Lunéville.	[illegible]	[illegible]	Séjour.	[illegible]	[illegible]	Strasbourg	[illegible]	.	.	.	.	.	.	.	.
[illegible]	Id.	.	[illegible]	Saint-Pol.	Arras.	[illegible]	[illegible]	St-Quentin	La Fère	Séjour	Laon.	[illegible]	Reims.	[illegible]	Châlons.	Vitry.	[illegible]	Séjour.	Ligny.	Void	Toul.	Nancy	[illegible]	Séjour.	[illegible]	Saint-Dié.	[illegible]	[illegible]	Strasbourg	[illegible]	.	.	.	.	.	.	.
[illegible]	Id.	Aire.	Béthune.	Lens.	Douai.	Séjour.	Cambrai.	Landrecies.	Avesnes.	[illegible]	[illegible]	[illegible]	Séjour.	Sedan.	[illegible]	[illegible]	Verdun.	Mars-la-Tour	Metz.	Séjour.	[illegible]	Vic.	[illegible]	Sarrebourg	Saverne.	[illegible]	.	.	[illegible]	.	.	.	.	.	.	.	.
[illegible]	Id.	.	.	[illegible]	St-Jean-Pol.	Arras.	Bapaume.	Péronne.	St-Quentin	Séjour	La Fère.	Laon.	Craon.	[illegible]	[illegible]	Châlons.	[illegible]	Vitry.	[illegible]	Ligny.	Void.	Toul.	[illegible]	Séjour.	Lunéville.	[illegible]	Saint-Dié.	[illegible]	[illegible]	[illegible]	.	.	.	.	.	.	.
[illegible] général Baraguay-d'Hilliers	[illegible]	.	.	[illegible]	Valenciennes.	Landrecies	Avesnes.	[illegible]	[illegible]	[illegible]	Séjour	[illegible]	[illegible]	[illegible]	[illegible]	[illegible]	[illegible]	Séjour. Toul	[illegible]	[illegible]	[illegible]	[illegible]	[illegible]	Sainte-Marie-aux-Mines.	Schlestadt	.	.	.	.	.	.	.	.	.	.	.	.
[illegible]	[illegible]		.	[illegible]	[illegible]	Cassel	[illegible]	Lille.	Séjour	Tournay.	Ath.	Mons.	[illegible]	Charleroi	[illegible]	Séjour.	Chimay.	[illegible]	St-Hubert	[illegible]	Arlon.	Luxembourg	Séjour.	[illegible]	[illegible]	[illegible]	[illegible]	[illegible]	Séjour.	[illegible]	[illegible]	[illegible]	[illegible]	.	.	.	.
2e division (y compris le [illegible] hussards)	[illegible]	.	.	.	.	[illegible]	[illegible]	Cassel.	[illegible]	Lille.	Tournay.	[illegible]	Ath.	[illegible]	[illegible]	[illegible]	[illegible]	[illegible]	[illegible]	[illegible]	[illegible]	[illegible]	Séjour.	Arlon	Luxembourg	[illegible]	[illegible]	[illegible]	Séjour	[illegible]	[illegible]	[illegible]	[illegible]	[illegible]	[illegible]	.	.
3e division (y compris le [illegible] chasseurs)	[illegible]	.	.	.	.	.	[illegible]	[illegible]	[illegible]	[illegible]	Lille.	Séjour	Tournay.	Ath.	Mons.	Séjour.	[illegible]	[illegible]	[illegible]	[illegible]	[illegible]	[illegible]	[illegible]	[illegible]	Arlon	Luxembourg	[illegible]	Séjour.	[illegible]	[illegible]	[illegible]	[illegible]	[illegible]	[illegible]	[illegible]	Spire	.
Gendarmes	[illegible]		.	.	.	.	.	[illegible]	[illegible]	[illegible]	[illegible]	[illegible]	Laon.	[illegible]	[illegible]	[illegible]	[illegible]	[illegible]	[illegible]	[illegible]	[illegible]	[illegible]	[illegible]	[illegible]	[illegible]	[illegible]	[illegible]	[illegible]	[illegible]	[illegible]	[illegible]	[illegible]	[illegible]	[illegible]	[illegible]	[illegible]	[illegible]
1re division	Boulogne	.	.	[illegible]	Saint-Omer.	Aire	Béthune	Lens.	[illegible]	Séjour.	Cambrai.	Landrecies.	[illegible]	[illegible]	[illegible]	[illegible]	Séjour.	Sedan.	[illegible]	[illegible]	[illegible]	[illegible]	Metz.	Séjour.	[illegible]	[illegible]	[illegible]	[illegible]	[illegible]	[illegible]	[illegible]	[illegible]	.	.	.	.	.
2e division	Id.	.	.	.	.	[illegible]	St-Omer.	[illegible]	[illegible]	Lens.	Douai	Cambrai	Séjour.	Landrecies.	[illegible]	[illegible]	[illegible]	[illegible]	Sedan.	Séjour.	[illegible]	[illegible]	Verdun.	Mars-la-Tour.	Metz.	Séjour.	[illegible]	[illegible]	[illegible]	[illegible]	[illegible]	[illegible]	Landau.	.	.	.	.
3e division (y compris le [illegible])	Id.		.	.	.	.	[illegible]	Saint-Omer.	Aire.	Béthune.	Lens	Douai.	Séjour	Cambrai	Landrecies.	Avesnes.	[illegible]	[illegible]	[illegible]	Séjour.	Sedan.	[illegible]	[illegible]	Verdun.	Mars-la-Tour.	Metz.	Séjour.	[illegible]	[illegible]	[illegible]	[illegible]	[illegible]	[illegible]	[illegible]	[illegible]	[illegible]	[illegible]
[illegible] division (y compris le [illegible] chasseurs)	Id.	.	.	.	.	.	.	.	[illegible]	[illegible]	[illegible]	[illegible]	[illegible]	[illegible]	[illegible]	[illegible]	[illegible]	[illegible]	[illegible]	[illegible]	Sedan.	Séjour.	[illegible]	[illegible]	[illegible]	Metz.	[illegible]	[illegible]	[illegible]	[illegible]	[illegible]	[illegible]	[illegible]	[illegible]	[illegible]	[illegible]	[illegible]
[illegible]	Id.	.			.	.	.		.	[illegible]	[illegible]	[illegible]	[illegible]	[illegible]	[illegible]	[illegible]	[illegible]	[illegible]	[illegible]	[illegible]	[illegible]	[illegible]	[illegible]	[illegible]	[illegible]	[illegible]	[illegible]	[illegible]	[illegible]	[illegible]	[illegible]	[illegible]	[illegible]	[illegible]	[illegible]	[illegible]	.
1re division	[illegible]		.	[illegible]	Séjour.	[illegible]	Arras.	Bapaume.	Péronne.	Séjour.	[illegible]	La Fère.	Laon.	[illegible]	[illegible]	Séjour.	[illegible]	Châlons.	[illegible]	[illegible]	[illegible]	Ligny.	Void.	Toul.	Nancy.	[illegible]	[illegible]	[illegible]	[illegible]	[illegible]	[illegible]	[illegible]	.	.	.	.	.
2e division (y compris le [illegible])	[illegible]	.	.	.	.	[illegible]	[illegible]	Saint-Pol.	Arras.	Bapaume.	Péronne.	St-Quentin.	Séjour.	La Fère.	Laon.	[illegible]	[illegible]	[illegible]	[illegible]	Séjour.	Vitry.	[illegible]	Ligny.	Void.	Toul.	Séjour.	Lunéville.	[illegible]	[illegible]	[illegible]	[illegible]	[illegible]	.	.	.	.	.
3e division (y compris le [illegible] chasseurs)	[illegible]	.	.	.	.	.	[illegible]	Hesdin.	Saint-Pol.	Arras	Bapaume.	Péronne.	Séjour.	St-Quentin.	La Fère.	Laon	[illegible]	[illegible]	Séjour.	[illegible]	Châlons.	Vitry.	[illegible]	Ligny.	Void	Toul	[illegible]	Nancy.	[illegible]	Séjour.	[illegible]	[illegible]	[illegible]	[illegible]	[illegible]	[illegible]	[illegible]
[illegible]		.	.	.	.	.	.	[illegible]	Hesdin.	Saint-Pol	Arras.	Bapaume	Séjour.	Péronne.	St-Quentin.	La Fère.	Laon.	[illegible]	[illegible]	[illegible]	[illegible]	Châlons.	Séjour.	Vitry.	Saint-Dizier.	Ligny.	Void.	Toul.	Nancy.	Séjour.	[illegible]	[illegible]	[illegible]	[illegible]	[illegible]	[illegible]	[illegible]
[illegible]		.	.	.	.	.	.	.	[illegible]	Hesdin.	Saint-Pol.	Arras.	Séjour.	Bapaume.	Péronne.	St-Quentin.	La Fère	Séjour.	Laon.	Reims.	Séjour.	Châlons.	Vitry.	Vitry.	Saint-Dizier.	Ligny.	Void.	Toul.	Nancy.	[illegible]	[illegible]	[illegible]	[illegible]	[illegible]	[illegible]	[illegible]	[illegible]
9e et 10e hussards		.	.	.	.	.	.	.	.	.	.	.	.	.	.	.	.	.	.	.	.	.	.	.	.	[illegible]	[illegible]	[illegible]	[illegible]	[illegible]	[illegible]	[illegible]	[illegible]	[illegible]	.	.	.
[illegible] chasseurs, [illegible] et [illegible] hussards		.	.	[illegible]	Cassel	[illegible]	Lille.	Tournay	Séjour.	Ath	Mons.	[illegible]	[illegible]	[illegible]	[illegible]	[illegible]	[illegible]	[illegible]	[illegible]	[illegible]	Luxembourg	[illegible]	[illegible]	[illegible]	[illegible]	[illegible]	[illegible]	[illegible]	[illegible]	[illegible]	[illegible]	[illegible]	[illegible]	[illegible]	.	.	.
[illegible]		.	.	.		.	[illegible]	Vesoul?	Péronne.	[illegible]	[illegible]	[illegible]	[illegible]	[illegible]	[illegible]	[illegible]	[illegible]	[illegible]	[illegible]	[illegible]	[illegible]	Vaud.	[illegible]	[illegible]	[illegible]	[illegible]	[illegible]	[illegible]	[illegible]	.	.	.	.	.	.	.	.
[illegible] (Paris)		.	.	.	.	Liège?	[illegible]	La Ferté	[illegible]	Brabat?	[illegible]	Château	Vitry.	[illegible]	Séjour.	Séjour.	[illegible]	[illegible]	[illegible]	[illegible]	[illegible]	[illegible]	[illegible]	[illegible]	[illegible]	[illegible]	.	.	.	.	.	.	.	.	.	.	.
[illegible] id. (Versailles)		.	.	.	Paris.	[illegible]	Meaux.	La Ferté.	[illegible]	Séjour.	Vertus.	Châlons.	Vitry.	[illegible]	[illegible]	[illegible]	[illegible]	[illegible]	[illegible]	[illegible]	[illegible]	[illegible]	[illegible]	[illegible]	.	.	.	.	.	.	.	.	.	.	.	.	.
[illegible] id. (Vesoul)		.	.	.	.	.	.	.	Lure	Belfort	Cernay.	Colmar.	Séjour.	Schlestadt.	.	.	.	.	.	.	.	.	.	.	.	.	.	.	.	.	.	.	.	.	.	.	.
[illegible] id. (Hagueneau)		.	.	.	.	.	.	.	.	.	.	Strasbourg	Kehl?	Schlestadt.	.	.	.	.	.	.	.	.	.	.	.	.	.	.	.	.	.	.	.	.	.	.	.

— Ce tableau paraît avoir été établi le 15 août et corrigé le 30 et le 31 (12 et 13 fructidor). Le texte primitif est celui qui a été transcrit ici en « lettres droites ». Les corrections faites à l'encre rouge sur l'original ont été transcrites en « italiques ». Les mots soulignés sur l'original sont en « capitales droites ».

[illegible] — I.

ÉTAT GÉNÉRAL des bouches à feu françaises à l'époque du 1er floréal an XIII.

NOMS des …ECTIONS	Canons de siège en bronze 36	24 longs	24 courts	18	16	12	8	6	4	Canons de siège en fer [illegible]	[illegible]	[illegible]	18	16	12	8	6	4	3	De bataille 12	8	6	4	3
…	»	2	28	»	5	180	56	»	33	»	»	»	»	»	»	»	»	»	»	50	2	6	11	2
…	»	»	»	»	»	»	»	»	10	»	»	»	1	»	»	»	»	»	»	1	2	3	1	»
…ar	7	150	»	5	47	90	45	»	62	»	25	8	3	»	»	»	»	»	»	11	2	»	9	»
…	»	52	»	»	35	92	31	»	65	»	»	12	1	10	10	15	»	»	»	43	108	»	11	»
…	»	28	»	»	56	67	»	»	»	»	»	»	»	»	»	»	»	»	»	11	16	»	67	»
…	»	56	26	»	82	90	45	»	70	»	»	»	»	»	»	»	»	»	»	18	33	»	104	»
…rg	»	86	8	»	153	153	114	»	49	»	»	»	»	»	»	»	»	»	»	92	170	2	257	»
…ach	»	23	»	»	81	90	26	»	15	»	»	»	»	»	»	»	»	»	»	8	24	»	36	»
…	»	8	»	»	13	21	13	»	18	»	»	»	»	»	»	»	»	»	»	10	13	»	50	»
…	»	36	»	»	43	71	49	13	31	»	»	»	»	»	»	»	»	»	»	43	75	»	104	»
…	3	59	»	14	85	56	9	3	16	»	308	403	118	31	171	37	9	15	7	11	41	»	220	6
…ier	»	3	»	2	2	5	1	»	2	»	»	54	»	25	»	50	»	»	»	»	2	»	19	»
…an	»	43	»	»	29	34	6	11	6	»	»	11	»	7	4	22	»	»	»	37	21	»	176	»
…	»	26	»	»	26	16	10	»	34	»	30	14	10	»	28	32	3	2	2	8	48	»	43	»
…elle	1	36	»	»	45	20	46	»	31	5	120	149	48	6	70	68	17	20	»	13	19	»	67	»
…	»	30	»	15	17	15	16	3	21	»	50	142	71	27	56	63	5	19	»	8	14	3	147	»
…	»	40	»	1	40	17	15	»	11	21	93	70	102	34	76	81	11	1	»	11	12	»	50	»
…e	»	25	»	»	86	0	15	»	20	»	53	24	61	1	»	»	»	»	»	2	5	»	35	»
…rg	»	6	»	»	»	8	4	»	18	2	141	178	0	»	12	5	9	3	2	5	7	»	163	»
…	»	72	28	»	1	131	»	54	»	»	»	»	»	»	»	5	»	»	»	40	13	90	22	13
…ôt	»	24	»	»	30	91	10	4	16	»	»	2	7	»	37	1	25	»	7	22	45	»	64	»
…	»	15	»	»	24	17	6	»	6	»	»	5	8	»	10	17	6	»	1	3	8	»	16	»
…	1	20	»	1	0	0	7	»	»	»	»	50	41	»	29	11	»	7	»	»	4	»	20	»
…e	»	30	»	»	»	27	7	»	»	»	16	20	2	»	»	»	3	2	»	»	»	»	4	4
…	»	»	»	»	»	»	»	»	»	»	»	»	»	»	»	»	»	»	»	»	»	»	»	»
…	»	»	»	»	»	»	»	»	»	»	»	»	»	»	»	»	»	»	»	»	»	»	66	»
…	»	4	»	»	2	2	»	»	»	»	»	»	»	»	»	»	»	»	»	6	1	»	66	»
…	»	14	10	5	32	53	»	»	»	»	»	»	»	»	»	»	»	»	»	22	12	»	27	»
TOTAUX	15	880	98	38	972	1381	587	86	536	28	854	827	583	141	505	411	90	89	19	513	697	112	1909	27
…d'Italie	»	10	»	2	3	3	»	2	»	»	»	»	»	»	»	»	»	»	»	3	6	20	8	30
…dépôt)	»	»	»	1	»	»	»	5	»	»	»	»	»	»	»	»	»	»	»	10	15	2	20	20
…	»	»	»	»	»	»	»	»	»	»	»	»	»	»	»	»	»	»	»	6	18	»	13	»
…	»	»	»	»	»	»	»	»	»	»	»	»	»	»	»	»	»	»	»	4	»	»	»	»
…Brest	»	»	»	»	»	»	»	»	»	»	»	»	»	»	»	»	»	»	»	»	3	»	6	»
…Toulon	»	»	»	»	»	»	»	»	»	»	»	»	»	»	»	»	»	»	»	»	»	»	»	»
…l'Océan	»	20	20	»	»	»	»	»	»	»	»	»	»	»	»	»	»	»	»	60	121	»	65	»
…périale	»	»	»	»	»	»	»	»	»	»	»	»	»	»	»	»	»	»	»	6	0	»	3	»
…UX GÉNÉRAUX	15	910	178	41	975	1384	537	95	536	28	851	827	582	141	505	411	90	80	19	607	871	142	2033	77

NOMS des …ECTIONS	Mortiers en bronze, 12 pouces, Sur semelle	12 pouces, À la Gomer	12 pouces, Ordinaires	10 pouces, À la Gomer	10 pouces, À grande portée	10 pouces, À petite portée	8 pouces, À la Gomer	8 pouces, Ordinaires	Mortiers en fer, 12 pouces, Sur semelle	12 pouces, À tourillons	Obusiers 8 pouces	6 pouces grande portée	6 pouces ordinaires	de 24 ou 5 pouces 7 lignes 2 points	Pierriers en bronze de 15 pouces	OBSERVATIONS
…	9	»	10	1	5	6	»	63	»	»	1	1	»	52	50	
…	»	»	»	»	»	»	»	»	»	»	1	»	»	»	»	
…ar	39	33	50	»	11	1	»	20	4	2	18	32	»	»	24	
…	6	8	16	1	2	5	»	80	2	3	6	»	9	»	27	
…	»	1	7	»	»	»	1	35	»	»	»	»	1	»	24	
…	8	2	18	2	7	6	5	26	»	»	»	»	4	3	42	
…rg	»	»	11	3	18	»	5	25	»	»	4	1	39	30	55	
…ach	»	»	15	6	2	»	2	25	»	»	15	1	21	»	33	
…	»	1	3	»	1	»	2	16	»	»	»	»	5	»	7	
…	»	10	4	6	1	»	2	32	»	»	14	6	7	»	11	
…	1	9	31	2	2	0	1	19	16	3	15	»	22	»	13	
…ier	1	2	7	»	»	»	»	»	»	»	»	»	»	»	»	
…an	»	2	10	»	»	»	»	6	»	»	3	»	10	»	14	
…	»	3	16	2	»	»	1	13	1	3	2	»	2	»	4	
…elle	10	80	34	»	»	»	»	2	15	9	2	»	9	»	»	
…	»	8	5	10	23	»	»	9	10	10	9	»	7	»	3	
…	»	4	25	»	7	»	»	26	6	14	10	»	7	»	1	
…e	7	11	10	»	»	»	»	»	13	17	6	»	6	»	»	
…rg	8	5	21	1	0	1	»	10	12	5	»	»	11	»	»	
…	»	»	8	»	»	»	24	»	»	»	»	»	5	41	»	
…ôt	»	»	1	6	1	8	»	18	»	»	37	»	63	»	21	
…	12	7	4	3	1	8	2	2	»	»	4	»	14	»	»	
…	»	»	12	»	1	»	»	2	»	»	»	»	3	»	10	Au 1er ventôse.
…e	2	9	»	»	»	»	»	10	»	»	»	»	1	»	»	Au 1er germinal.
…	»	»	»	»	»	»	»	»	»	»	1	»	»	»	»	
…	»	»	»	»	»	»	»	»	»	»	»	»	59	»	»	
…	»	»	1	»	»	2	»	4	»	»	»	»	»	»	»	
…	»	»	»	1	1	4	4	3	»	»	4	»	24	»	9	
TOTAUX	106	146	305	44	91	45	58	126	70	69	148	41	350	132	350	
…d'Italie	»	»	»	»	»	»	»	»	»	»	»	»	25	70	»	1er floréal.
…dépôt)	»	»	»	»	»	»	»	»	»	»	»	»	19	»	»	1er floréal.
…	»	»	»	»	»	»	»	»	»	»	»	»	7	»	»	1er prairial.
…	»	»	»	»	»	»	»	»	»	»	»	»	»	»	»	L'équipage de cette armée est composé de 65 bouches à feu hanovr. en bronze.
…Brest	»	»	»	»	»	»	»	»	»	»	»	»	6	»	»	1er prairial.
…Toulon	»	»	»	»	»	»	»	»	»	»	»	»	»	»	»	Embarquées.
…l'Océan	»	»	»	»	»	»	»	20	»	»	»	»	25	50	»	1er floréal.
…périale	»	»	»	»	»	»	»	»	»	»	»	»	2	»	»	
…UX GÉNÉRAUX	106	140	309	44	94	45	58	146	70	69	148	41	410	202	350	

Le Chef de la division d'artillerie : GASSENDI.

ÉTAT GÉNÉRAL des projectiles existants à l'époque du 1er floréal an XIII.

…ms des directions.	Boulets												Bombes.				Obus.			Grenades		Balles	Cartouches	Poudre	Plomb en saumons ou en balles.	Observations.
	Pleins.										Creux.		12 pouces.		10 pouces.	8 pouces.	8 pouces.	6 pouces.	5 pouces 7 lig. 5 pts.	de rempart.	à main.	de fer.	d'infanterie.	de guerre.		
	48.	36.	24.	18.	16.	12.	8.	6.	4.	3.	24.	12.	Renforcées.	Ordinaires.												
…	»	»	41,904	9,202	107,738	175,016	61,042	35,088	34,707	186	19,474	»	1,270	11,202	12,113	52,134	18,127	8,008	»	38,764	185,521	977,857	1,283,896	163,192	733,384	
…o.	»	»	761	190	12,400	1,389	7,672	5,300	13,255	»	»	3,700	»	2,111	1,031	2,767	178	»	»	»	1,775	265,690	608,072	27,315	150,790	
…mer.	»	8,871	20,164	6,605	48,303	23,180	7,131	»	11,125	1,603	1,087	»	9,225	12,700	2,781	10,885	1,016	9,164	»	8	13,827	676,051	3,605,701	138,146	103,101	
…	»	1,690	38,301	3,289	90,376	44,531	31,818	4,759	12,907	2,493	»	»	»	7,674	6,561	30,422	3,539	6,505	220	67,859	57,727	282,906	6,796,226	194,846	104,056	
…s.	»	604	34,408	»	100,368	107,342	68,280	»	72,029	»	6,916	»	»	2,154	8,039	9,065	3,905	8,280	»	736	5,801	6,125,116	1,034,324	282,902	115,199	
…	»	»	172,187	13,731	282,921	228,091	86,613	38,705	90,811	»	14,700	»	»	20,490	13,947	31,650	10,261	9,771	»	79,831	128,647	5,113,761	7,863,161	1,252,375	246,221	
…urg.	»	»	107,435	»	98,057	128,202	109,232	26,180	90,170	1,065	»	»	»	26,517	7,087	20,263	14,635	40,466	2,684	9,059	131,914	1,072,730	15,707,060	811,102	256,486	
…isach.	»	»	12,327	»	39,247	80,359	68,071	8,450	69,291	»	»	»	»	6,921	3,713	15,498	6,023	16,955	»	1,425	45,580	112,155	10,917,266	710,192	170,546	
…o.	»	5,631	24,578	»	39,294	38,875	27,070	»	38,926	»	120	»	»	1,937	8,019	7,886	9,560	16,277	»	3,603	37,611	62,262	983,111	128,891	60,674	
…e.	»	197	35,299	190	30,063	24,105	21,221	1,852	44,716	683	32	»	»	6,415	2,336	4,332	4,215	8,506	»	610	76,673	810,301	2,562,402	568,873	274,013	
…	»	19,112	73,511	17,150	88,170	20,171	28,038	3,429	47,827	2,598	»	»	»	12,237	6,330	16,741	14,900	7,202	»	1,385	22,020	75,315	4,541,577	333,032	140,002	
…llier.	»	97	17,423	686	7,868	718	15,983	515	21,738	30	»	»	»	2,748	100	»	201	»	»	»	3,170	1,065	161,613	31,517	6,032	
…an.	»	»	46,216	»	15,833	34,030	21,507	808	41,475	1,790	»	»	»	7,141	2,957	4,874	4,914	3,282	»	356	8,296	171,330	2,601,565	120,726	37,862	
…a.	»	1,303	32,181	7,577	22,900	19,060	34,196	»	21,423	600	»	»	»	7,060	36	7,301	2,823	1,954	»	105	22,916	376,043	4,047,930	185,167	55,694	
…helle.	310	15,310	31,288	6,817	24,510	28,973	21,715	1,459	24,900	788	2,004	3,470	»	11,916	»	1,314	1,840	2,789	170	»	39,290	1,454,609	1,812,330	302,156	189,132	
…	»	7,310	31,986	11,102	16,489	27,831	28,421	3,422	45,550	1,000	2,054	1,315	403	6,862	5,832	9,003	6,393	4,763	119	7,400	5,903	1,264,373	2,123,966	255,257	84,324	
…	1,561	0,335	24,413	26,740	16,094	19,923	16,638	1,690	6,851	577	780	202	»	8,558	4,340	12,500	2,566	3,495	»	1,310	560	258,147	1,076,087	227,045	256,814	
…ro.	»	10,009	16,677	6,818	16,514	6,136	24,133	»	6,923	»	1,411	90	1,951	5,850	143	»	2,156	2,239	»	»	5,053	343,117	1,087,106	96,350	12,239	
…urg.	480	11,385	23,810	2,225	7,111	20,818	5,543	1,743	5,805	153	72	»	»	4,962	1,578	133	496	1,590	»	»	2,731	203,814	1,373,414	176,873	19,290	
…	»	»	105,197	»	5,532	140,705	9,790	55,630	15,886	57,467	6,480	1,702	»	3,890	91	770	479	18,427	»	45,212	55,035	1,010,239	5,295,429	551,150	85,065	
…cht.	»	»	9,033	4,811	31,156	52,306	31,907	14,974	43,664	2,099	301	»	»	6,286	4,670	6,584	8,426	17,861	»	8,002	27,170	229,415	8,793,536	480,374	928,836	
…	3	6,900	23,909	5,561	9,300	5,488	0,169	6,607	4,414	6,221	793	»	365	3,842	1,934	1,667	1,882	4,437	»	2,020	3,642	218,111	934,245	148,182	745	
…o.	»	4,118	45,156	6,177	4,127	10,578	7,079	800	7,228	343	»	»	»	7,157	1,813	1,575	1,229	3,551	»	4,520	1,571	17,926	1,777,201	175,177	21,239	Au 1er vendém.
…os.	»	11,346	31,381	4,335	9,821	18,880	8,231	7,222	11,029	4,066	»	»	»	4,062	»	7,931	1,611	9,190	»	2,568	16,316	23,650	635,358	240,865	46,809	Au 1er germinal.
…	»	»	209	6	5	429	581	34	136	»	76	»	»	24	»	12	»	91	»	»	10	»	184,519	51,730	5,613	
…o.	»	152	332	»	555	7,698	7,354	»	1,978	»	»	»	»	»	»	»	»	»	»	»	93	32,941	88,620	7,101	3,362	
…	»	45	»	»	»	2,487	3,152	375	273	»	»	»	»	71	50	125	»	»	»	»	»	1,000,000	404,107	152	248	
…s.	»	»	38,163	1,510	36,380	190,916	41,353	27,543	72,670	19,782	15,511	»	»	3,841	13,645	5,241	3,934	31,185	»	8,121	139,819	429,572	5,815,935	519,031	235,965	
Totaux	2,207	114,592	1,088,013	127,573	1,215,133	1,421,746	795,511	236,984	924,253	104,684	72,465	10,488	12,604	193,971	112,896	256,539	133,425	235,918	3,220	281,498	1,046,800	22,078,208	96,829,046	8,040,338	4,107,461	
…s d'Italie.	»	»	419	»	308	6,749	1,976	13,502	1,589	1,477	1,150	990	»	45	»	»	148	3,235	»	355	10,684	»	8,285,277	62,509	73,000	1er floréal.
…(dépôt).	»	»	4,515	»	»	12,511	62	86	6,367	962	»	»	»	1,080	»	2,813	»	6,669	»	6,200	11,744	»	696,500	202,400	550	1er floréal.
…	»	»	1,800	»	»	414	6,768	»	17,311	»	»	»	»	»	»	»	»	10,243	»	»	»	»	3,378,255	47,790	35,000	1er prairial.
…	»	»	»	»	»	681	»	11,232	»	»	»	»	»	»	»	»	»	»	»	»	4,510	95,277	5,936,638	18,290	28,096	
…e Brest.	»	»	»	»	»	»	»	»	»	15,211	»	»	»	»	»	»	»	1,748	»	»	»	»	5,000,060	»	»	
…e Toulon.	»	»	»	»	»	»	»	»	»	»	11,385	»	»	»	»	10,167	»	»	»	»	»	»	»	»	»	1er prairial.
…l'Orient.	»	»	20,026	»	»	»	»	»	»	»	»	»	»	»	»	»	»	»	»	»	»	»	11,430,190	230,860	»	Embarqués.
…spéciale.	»	»	»	»	»	»	»	»	»	»	»	»	»	»	»	»	»	»	»	»	»	»	»	»	»	1er floréal.
…otaux généraux	2,207	114,592	1,067,573	137,573	1,216,101	1,452,101	804,317	261,904	950,180	122,284	85,000	11,487	12,604	195,006	112,896	270,810	133,567	256,813	3,220	288,053	1,073,738	22,773,485	131,563,909	8,608,178	4,214,707	

Le Chef de la division d'artillerie : Gassendi.

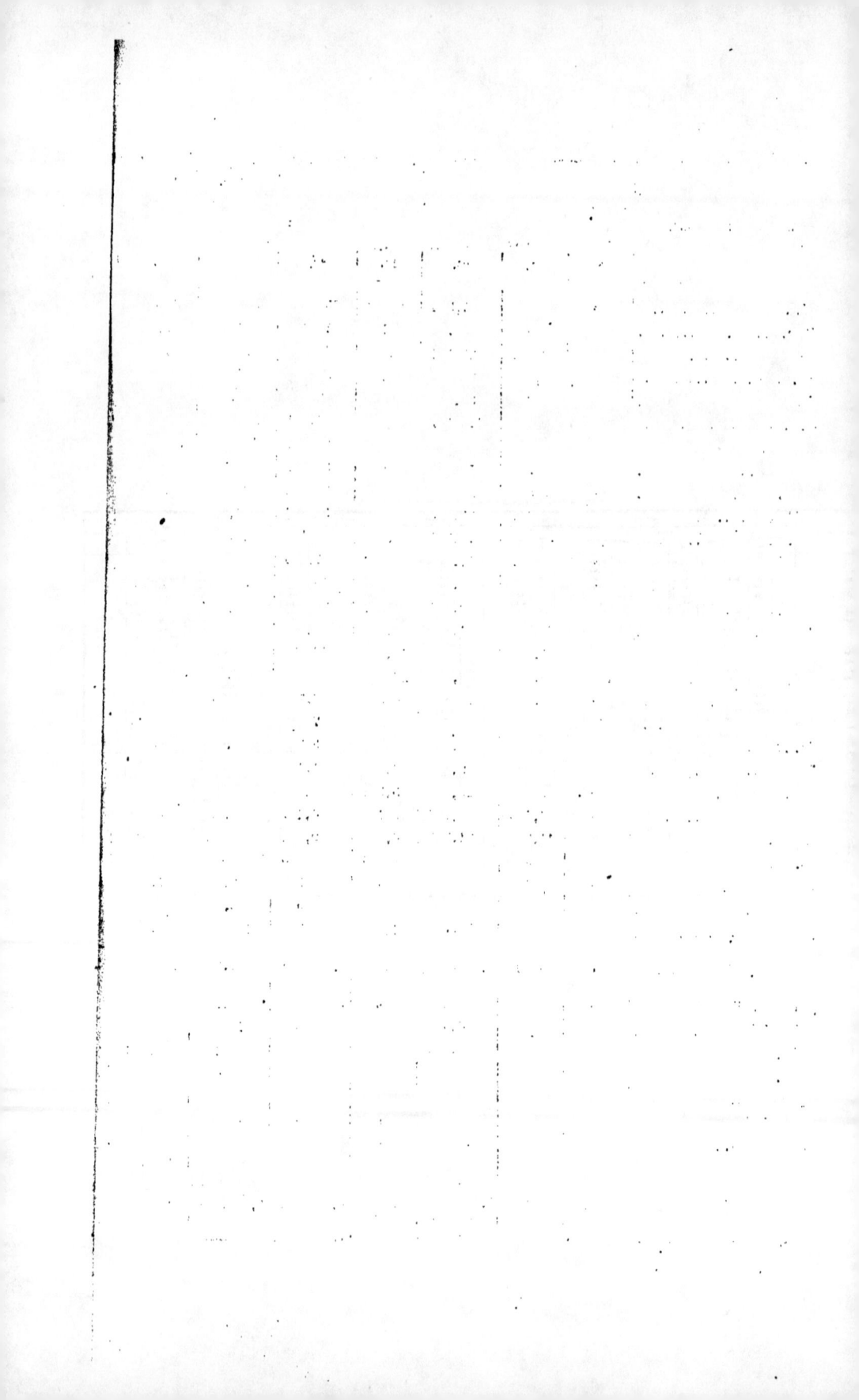

ÉTAT GÉNÉRAL des armes portatives existantes à l'époque du 1er floréal an XIII.

Noms des directions	Fusils d'infanterie, modèle français, [illegible]	Fusils d'infanterie, modèle français, réparés	Fusils d'infanterie, modèle français, à réparer	Fusils d'infanterie, de modèle étranger, de service	Fusils d'infanterie, de modèle étranger, à réparer	Fusils de dragons, modèle an IX, de service	Fusils de dragons, ancien modèle, de service	Fusils de dragons, ancien modèle, à réparer	Mousquetons, ancien modèle, de service	Mousquetons, ancien modèle, à réparer	Mousquetons, nouveau modèle, de service	Mousquetons, nouveau modèle, à réparer	Carabines de service	Carabines à réparer	Paires de pistolets de cavalerie, de service	Paires de pistolets de cavalerie, à réparer	Paires de pistolets de gendarmerie, de service	Paires de pistolets de gendarmerie, à réparer	Sabres d'infanterie, de service	Sabres d'infanterie, à réparer	Sabres de cavalerie, de service	Sabres de cavalerie, à réparer	Sabres de troupes légères, de service	Sabres de troupes légères, à réparer	Sabres de dragons, de service	Sabres de dragons, à réparer	Sabres nouveau modèle, de cavalerie, de service	Sabres nouveau modèle, de troupes légères, de service	Sabres nouveau modèle, de dragons, de service	Observations
…	8,117	1,567	3,723	6,336	1,471	4,790	»	164	5,829	2,848	1,871	»	»	»	111	139	1,601	»	3,480	233	1,574	213	143	1,080	»	35	408	7,391	636	
…	»	65	304	»	35	549	»	2	4	»	»	»	1,062	»	»	537	»	»	1	»	3,919	»	67	»	»	»	»	»	297	
…mer.	264	432	1,151	234	101	»	»	»	543	1,264	»	»	»	»	2	100	»	»	10	»	6	»	298	435	»	»	»	»	»	
…	2,763	2,572	58	12,066	12,972	»	109	»	450	317	6	»	204	»	46	34	31	»	876	280	2,810	103	429	217	167	61	»	»	»	
…	13,401	336	»	1,533	»	12,812	»	»	801	»	6,051	»	59	»	1,701	»	11	»	5	»	59	»	36	2	»	»	»	»	»	
…	53,429	438	321	7,021	164	2,006	»	»	1,781	647	1,262	»	60	»	1,120	264	»	»	3,636	»	38	341	80	161	2	13	»	»	»	
…rg.	17,898	3,189	438	5,339	7,746	»	17	»	1,280	8	3	»	1,247	4	68	»	»	»	26,678	»	3,290	»	573	114	763	»	9,126	18,167	4,081	
…sarb.	6,980	18,340	»	5,639	»	»	53	»	1,306	»	2,237	»	31	»	774	»	»	»	1,237	»	1,323	»	4,222	»	3,990	»	»	»	»	
…	2,760	3,063	2,513	231	»	100	130	»	53	56	100	»	»	»	534	73	»	»	3,179	25	975	6	634	147	97	231	»	»	»	
…	81,469	9,075	1,926	1,202	24	3,519	4	»	360	»	885	»	105	»	2,597	»	10	»	4,170	»	1,748	166	1,156	70	534	»	»	»	»	
…	6,600	2,087	5,202	3,806	1,676	224	2	105	90	112	154	»	»	»	2,776	933	»	»	3,241	519	2,500	1,380	883	627	1,955	201	»	»	»	
…lier.	344	2,183	138	»	112	»	»	»	121	29	»	2	»	»	60	30	»	»	395	»	»	»	158	»	»	»	»	»	»	
…on.	»	797	»	2,418	1,382	»	52	»	66	»	»	»	»	7	»	6	»	2	259	2	2,000	45	700	»	1,800	»	»	»	»	
…	836	3,170	201	2,149	3,129	»	73	»	24	»	346	3	16	»	509	2	1	»	4,830	8	864	»	31	322	277	1	»	»	»	
…eille.	1,983	283	»	105	»	1	»	»	184	24	13	»	40	»	268	»	15	»	604	»	423	»	267	»	200	»	»	»	»	
…	267	1,997	163	324	»	»	»	»	479	251	»	»	»	»	173	»	24	»	25	155	97	3	32	534	»	»	»	»	»	
…	387	1,704	93	15,784	415	»	»	»	83	2	450	»	»	»	103	»	»	»	»	»	47	»	»	»	»	52	»	213	»	
…	158	968	156	1,000	275	1,150	»	»	878	»	150	»	7	»	58	11	»	»	733	103	36	31	9	»	»	»	»	»	»	
…rg.	»	110	12	256	7	»	»	»	»	»	591	»	»	»	52	23	»	»	»	54	17	110	»	»	»	»	»	»	»	
…	9,280	»	116	2,473	1,193	509	»	»	864	»	2	»	»	»	9	»	»	»	1,982	»	193	»	273	325	955	»	»	»	»	
…ht.	8,768	261	68	9,624	27,034	521	»	»	23	133	2,547	»	21	»	1,466	318	11	6	»	1	1,601	48	1,190	62	327	149	241	»	»	
…	»	537	»	353	»	»	»	»	»	»	»	»	»	»	40	23	»	»	96	»	»	»	»	»	»	»	»	»	»	
…	»	780	156	344	3	»	»	»	83	»	»	»	»	»	16	»	54	»	»	»	»	»	»	»	»	»	»	»	»	Au 1er ventôse.
…	»	58	»	1,514	765	»	»	»	»	»	»	»	»	»	»	»	»	»	99	»	»	»	»	»	»	»	»	»	»	Au 1er germinal.
…	2,312	360	»	»	»	1,015	»	»	3,134	»	1,030	»	21	»	182	140	»	»	4,268	»	»	291	526	771	400	106	1,549	767	871	
…	»	478	»	118	»	»	»	»	»	388	»	»	»	»	»	81	»	»	»	»	»	»	»	»	»	»	»	»	»	
…	»	18	»	200	385	»	»	»	21	»	»	»	»	»	»	»	»	»	32	»	1,964	866	233	46	750	358	»	»	»	
…	2,290	2,450	»	»	»	»	»	»	368	»	»	»	509	»	240	»	»	»	3,884	35	1,718	»	599	5	1,340	»	»	»	»	
Totaux	220,761	58,211	16,441	81,113	49,271	28,160	440	271	18,091	6,079	17,706	5	3,383	11	12,903	2,670	1,761	8	62,412	1,424	25,865	3,644	12,539	4,038	14,083	1,404	11,329	26,601	6,485	
…d'Italie.	»	1,419	»	2,701	2,284	»	»	»	»	96	»	»	»	»	17	»	»	»	2,362	18	»	924	»	»	»	»	»	»	»	1er floréal.
…dépôt).	»	63	»	934	»	»	»	»	»	»	»	»	»	»	»	»	»	»	»	»	»	»	»	»	»	»	»	»	»	Id.
…	»	7,937	271	1,200	»	»	274	52	471	53	471	»	»	»	131	»	»	»	281	»	»	»	968	»	»	»	»	»	»	1er prairial.
…	»	11,208	7	»	»	»	1,263	»	»	»	»	»	»	»	»	»	»	»	283	6	»	»	35	»	»	»	»	106	»	
…Brest.	»	3,424	»	1,562	»	»	»	»	»	»	»	»	»	»	»	»	»	»	»	»	»	»	»	»	»	»	»	»	»	1er prairial.
…Toulon.	»	»	»	»	»	»	»	»	»	»	»	»	»	»	»	»	»	»	»	»	»	»	»	»	»	»	»	»	»	Embarqués.
…l'Océan.	60,864	»	»	»	»	7,992	»	»	»	»	3,681	»	»	»	1,095	»	»	»	14,736	»	500	»	390	»	1,940	»	»	468	»	1er floréal.
…périale.	»	»	»	»	»	»	»	»	»	»	»	»	»	»	»	»	»	»	»	»	»	»	»	»	»	»	»	»	»	
…aux généraux	289,815	62,396	16,722	87,000	52,255	36,172	1,976	323	19,462	6,227	21,840	5	3,383	11	14,141	2,670	1,761	8	80,073	1,446	26,385	4,568	13,742	4,928	15,943	1,404	11,320	27,175	6,485	
	327,211																													

Le Chef de la division d'artillerie : Gassendi.

ÉTAT GÉNÉRAL des bouches à feu françaises existantes à l'époque du 1er vendémiaire an XIV.

NOMS des DIRECTIONS.	CANONS DE PLACE en bronze. 36.	24 longs.	24 courts.	18.	16.	12.	8.	6.	4.	en fer. 48.	36.	24.	18.	16.	12.	8.	6.	4.	3.	DE BATAILLE. 12.	8.	6.	4.	3.	MORTIERS EN BRONZE. 12 pouces. Sur semelle.	À la Gomer.	Ordinaires.	10 pouces. À la Gomer.	À grande portée.	À petite portée.	8 pouces. À la Gomer.	Ordinaires.	EN FER. 12 pouces. Sur semelle.	À tourillons.	OBUSIERS 8 pouces.	8 pouces grande portée.	6 pouces ordinaires.	de 24 ou 5 pouces 7 lignes 2 points.	PIERRIERS en bronze de 15 pouces.	OBSERVATIONS.
....	»	2	9	»	5	187	68	3	33	»	»	»	»	»	»	»	»	»	»	79	2	7	12	2	5	»	10	1	5	6	»	65	»	»	1	1	»	70	55	
e............	»	»	»	»	1	»	»	»	0	»	»	»	1	»	»	»	»	»	»	1	2	2	1	»	»	»	»	»	»	»	»	»	»	»	1	»	»	1	»	
Omer.........	7	172	»	5	47	89	47	»	82	»	28	7	3	»	»	»	»	»	»	11	3	»	32	»	37	38	48	3	3	9	»	36	4	2	10	20	6	»	24	
....	»	36	»	»	31	86	25	»	56	»	»	11	1	10	10	10	»	»	»	48	111	»	11	»	6	3	14	1	1	3	»	37	2	3	4	»	13	»	27	
es...........	»	38	»	»	36	67	»	»	»	»	»	»	»	»	»	»	»	»	»	11	16	»	67	»	»	1	7	»	»	»	4	35	»	»	»	»	1	»	24	
....	»	56	26	»	83	90	45	»	70	»	»	»	»	»	»	»	»	»	»	28	32	»	104	»	»	»	15	»	9	6	1	28	»	»	»	»	»	83	42	
ourg.........	»	88	12	»	155	153	117	»	25	»	»	»	»	»	»	»	»	»	»	83	73	2	217	3	»	9	11	3	15	»	5	23	»	»	»	1	7	115	55	
risach........	»	23	»	»	81	90	28	»	15	»	»	»	»	»	»	»	»	»	»	8	24	»	36	»	»	»	15	6	2	»	3	25	»	»	15	1	21	»	23	
ne...........	»	6	»	»	13	21	12	»	18	»	»	»	»	»	»	»	»	»	»	10	13	»	56	»	»	1	3	»	1	»	2	16	»	»	»	»	5	»	7	
de...........	»	32	»	»	43	60	49	10	30	»	»	»	»	»	»	»	»	»	»	43	74	»	163	3	»	10	4	6	1	»	2	29	»	»	13	5	7	»	11	
....	4	69	»	14	65	56	11	5	16	»	209	103	116	31	172	40	11	15	7	10	42	»	228	8	5	8	33	2	6	2	»	20	15	3	15	»	31	»	13	
lier.........	»	5	»	2	2	5	1	»	3	»	»	54	»	25	»	50	»	»	»	»	2	»	10	»	1	2	7	»	»	»	»	»	»	»	»	»	»	»	»	
nan..........	»	43	»	»	29	34	2	11	6	»	»	11	»	7	4	22	»	»	»	37	25	»	176	»	»	3	10	»	»	»	»	6	»	»	3	»	10	»	14	
ne...........	»	28	»	»	29	14	10	»	34	»	48	14	15	»	28	32	2	2	2	8	47	»	47	»	»	3	12	2	»	»	1	13	1	2	2	»	3	»	4	
chelle.......	4	36	»	»	45	28	48	»	31	5	120	119	48	8	70	68	17	20	»	13	19	»	67	»	14	30	34	»	»	»	»	2	18	0	2	»	9	»	4	
....	»	30	»	15	17	15	10	3	24	»	58	142	74	27	85	46	11	23	»	6	14	3	140	»	»	6	5	11	27	»	»	10	10	10	3	»	7	»	»	
....	»	40	»	1	50	18	14	1	14	21	93	70	192	34	78	61	14	1	»	11	12	»	56	»	9	8	35	»	2	»	»	32	6	15	16	»	7	»	1	
re...........	»	25	»	»	88	10	15	»	20	»	57	24	61	9	»	»	»	»	»	20	5	»	43	»	9	11	10	»	»	»	»	»	13	17	5	»	0	»	1	
urg..........	»	8	»	»	»	6	4	»	18	2	147	177	13	7	12	5	9	3	2	6	7	»	163	»	6	6	19	1	3	1	»	12	12	8	»	»	11	»	»	
....	»	11	»	»	»	15	»	»	»	»	»	»	»	»	»	»	»	»	»	»	»	»	»	»	»	1	»	»	»	»	»	»	»	»	»	»	1	»	»	
drie.........	»	66	28	»	1	124	»	55	»	»	»	»	»	»	»	5	1	»	»	30	17	20	23	18	»	5	8	»	»	»	24	»	»	»	»	13	39	46	»	
....	»	5	»	7	4	»	8	13	2	»	5	1	3	2	1	1	7	»	»	»	»	»	2	»	»	»	»	»	»	»	»	»	»	»	»	»	2	»	»	
....	3	43	»	30	7	16	2	5	»	»	»	»	»	3	»	»	»	»	»	10	13	2	28	2	»	»	»	»	»	»	»	»	»	»	»	»	25	»	4	
echt.........	»	21	»	»	39	84	10	4	16	»	»	2	»	»	37	4	39	»	7	29	45	»	66	»	»	»	1	6	4	8	»	18	»	»	37	»	61	»	21	
....	»	8	»	»	24	17	6	»	4	»	»	1	8	»	10	17	6	»	»	3	8	»	18	»	5	2	4	»	1	3	2	6	»	»	2	»	4	»	»	
ne...........	1	31	»	1	5	5	1	»	»	»	»	65	47	»	25	15	3	5	1	»	4	»	20	4	»	»	13	»	»	»	»	5	»	»	»	»	3	»	10	
be...........	»	3	»	»	»	28	7	»	4	»	16	20	2	»	»	»	»	»	»	»	»	»	4	4	2	1	»	»	»	»	»	10	»	»	»	»	1	»	»	
....	»	»	»	»	»	»	»	»	»	»	»	»	»	»	»	»	»	»	»	»	»	»	»	»	3	»	»	»	»	»	»	»	»	»	1	»	»	»	»	
ne...........	»	»	7	»	»	»	»	»	»	»	»	»	»	»	»	»	»	»	»	»	»	»	66	»	»	»	»	»	»	»	»	»	»	»	»	»	39	»	»	
....	»	4	»	»	2	2	»	»	»	»	»	»	»	»	»	»	»	»	»	0	1	»	86	»	»	»	1	»	»	2	»	»	»	»	»	»	»	»	»	
n............	»	14	10	»	33	53	»	»	»	»	»	»	»	»	»	»	»	»	»	22	12	»	27	»	»	»	»	1	11	4	4	3	»	»	4	»	24	»	9	
TOTAUX......	19	933	93	75	967	1392	329	110	501	28	871	630	585	155	503	402	120	69	19	494	625	106	1010	38	102	150	308	43	86	44	53	415	78	80	113	41	355	316	392	
...ée d'Italie......	»	10	»	»	4	10	»	»	»	»	»	»	»	»	»	»	»	»	»	4	4	17	9	28	»	»	1	»	»	»	»	»	»	»	1	»	20	20	»	
...e l'Océan......	»	20	30	»	»	»	»	»	»	»	»	»	»	»	»	»	»	»	»	48	84	»	68	»	»	»	»	»	»	»	»	20	»	»	4	»	10	56	»	
...TAUX GÉNÉRAUX.	19	963	123	75	991	1102	329	110	501	28	871	830	585	155	503	402	120	69	19	548	713	123	2017	66	105	150	309	43	86	44	53	435	78	80	148	41	385	392	352	

Docum. 1805. — L.

Le Chef de la division d'artillerie : GASSENDI.

ÉTAT GÉNÉRAL des armes portatives existantes à l'époque du 1er vendémiaire an XIV.

NOMS des DIRECTIONS.	FUSILS — d'infanterie — de modèle français — neufs.	réparés.	à réparer.	de modèle étranger — de service.	à réparer.	de dragons — modèle an IX — de service.	ancien modèle — de service.	à réparer.	MOUSQUETONS — ancien modèle — de service.	à réparer.	nouveau modèle — de service.	à réparer.	CARABINES — de service.	à réparer.	PAIRES DE PISTOLETS — de cavalerie — de service.	à réparer.	de gendarmerie — de service.	à réparer.	SABRES — ancien modèle — d'infanterie — de service.	à réparer.	de cavalerie — de service.	à réparer.	de troupes légères — de service.	à réparer.	de dragons — de service.	à réparer.	nouveau modèle — de cavalerie — de service.	de troupes légères — de service.	de dragons — de service.	OBSERVATIONS.
Douai	3,130	019	4,045	6,356	1,628	2,781	»	154	5,029	3,104	2,551	1	»	»	346	139	2,702	»	4,513	223	1,830	217	113	518	»	35	781	5,510	819	
La Fère	»	56	304	»	35	549	»	2	73	»	»	»	981	»	67	537	»	»	1	»	3,919	»	67	»	»	»	»	»	297	
Saint-Omer	12,581	95	770	96	60	»	»	20	12	160	»	»	1	»	2	»	»	»	1,005	29	6	»	206	»	»	»	»	»	»	
Lille	607	3,409	09	12,090	12,910	»	200	»	900	554	6	»	211	19	81	58	31	»	837	280	3,610	103	429	217	157	61	»	»	»	
Mézières	4,528	9	»	1,583	»	15,271	»	»	801	»	5,877	»	59	»	112	»	14	»	5	»	59	»	36	»	»	»	»	»	»	
Metz	53,479	267	387	7,068	117	1,927	»	»	1,833	647	1,208	»	89	»	1,120	270	»	»	3,500	»	39	341	80	164	2	13	»	»	»	
Strasbourg	15,294	7,009	422	5,167	2,680	»	17	»	1,716	6	3	»	1,238	4	85	»	»	»	29,765	»	2,270	»	573	111	763	»	9,128	18,529	4,981	
Neuf-Brisach	»	24,015	19	5,039	»	»	53	»	1,896	»	2,237	»	31	»	639	»	»	»	1,216	»	1,223	»	2,775	»	2,661	»	»	»	»	
Auxonne	2,683	979	2,458	1,565	»	100	131	»	54	58	100	»	»	»	532	73	»	»	1,947	80	975	6	586	117	97	231	»	19	»	
Grenoble	41,785	7,190	1,303	1,204	22	6,507	4	»	451	»	1,135	»	97	2	1,674	»	10	»	4,013	»	1,748	168	767	73	531	»	»	»	»	
Toulon	756	2,389	4,636	2,890	763	»	2	165	63	112	154	»	»	»	2,776	932	»	»	1,602	3,205	3,101	409	1,122	82	2,067	67	»	»	»	
Montpellier	»	2,569	150	7	112	»	»	»	121	140	»	4	»	»	80	158	»	»	328	2	»	»	158	»	»	»	»	»	»	
Perpignan	»	475	»	2,613	1,707	»	52	»	86	»	»	»	»	7	»	0	»	2	210	2	2,000	45	700	»	1,800	»	»	»	»	
Bayonne	451	631	64	2,515	1,863	90	25	20	268	3	113	»	»	»	509	73	1	»	2,396	8	661	»	31	322	277	1	»	217	»	
La Rochelle	1,278	2	280	105	38	1	»	»	103	26	18	»	10	5	60	»	15	»	548	»	425	»	174	»	250	»	»	»	»	
Nantes	»	3,181	210	324	»	336	»	»	672	»	»	»	27	»	173	»	24	»	123	170	97	3	32	560	»	»	»	»	»	
Brest	»	11	103	»	50	»	»	»	82	107	180	»	»	»	103	»	»	113	150	»	47	»	»	»	»	32	»	273	»	
Le Havre	»	557	8	977	245	927	»	»	878	»	150	»	2	»	68	11	»	»	369	79	31	36	»	»	»	»	»	»	»	
Cherbourg	»	252	85	186	7	»	»	»	»	»	501	»	»	»	76	»	»	»	20	54	17	110	»	»	»	»	»	»	»	
Turin	»	»	»	»	»	»	»	»	»	»	»	»	»	»	»	»	»	»	»	»	»	»	»	»	»	»	»	»	»	
Alexandrie	37,201	1,420	110	2,357	1,470	706	»	»	310	15	»	»	»	»	587	»	»	»	1,107	»	193	»	354	326	»	»	»	»	»	
Savone	12,734	7,000	714	»	»	»	»	»	»	»	»	»	»	»	»	»	»	»	»	»	»	»	»	»	»	»	»	»	»	
Gênes	»	819	1,082	931	»	»	»	»	»	»	»	»	»	»	»	»	»	»	647	85	»	»	»	»	»	»	»	»	»	
Maëstricht	16,766	404	87	9,644	23,066	546	»	»	93	133	5,847	»	21	»	1,468	248	11	6	19	2	1,604	48	1,173	65	327	149	241	»	»	
Bruges	»	231	»	353	»	»	»	»	»	»	»	»	»	»	»	»	»	»	56	»	»	»	»	»	»	»	»	»	»	
La Corse	»	500	121	742	»	»	»	»	38	»	24	»	»	»	»	»	54	»	1,546	»	»	»	»	»	»	»	»	»	»	
Île d'Elbe	»	58	»	2,250	1,232	»	»	»	»	»	»	»	»	»	»	»	»	»	99	»	»	»	»	»	»	»	»	»	»	
Paris	806	360	»	»	»	2,298	»	»	3,067	»	2,035	»	15	»	172	140	»	49	5,173	»	»	291	864	629	56	266	1,549	451	351	
Toulouse	»	193	»	118	»	»	»	»	»	388	»	»	»	»	»	81	»	»	»	»	»	»	»	»	»	»	»	»	»	
Rennes	»	111	»	1,080	265	»	»	»	21	»	»	»	»	»	»	»	»	»	617	4	1,984	865	283	46	750	558	»	»	»	
Mayenne	2,596	1,865	»	»	»	»	»	»	908	»	»	»	500	»	132	»	»	»	3,448	35	1,718	»	509	»	1,240	»	»	»	»	
Totaux	206,393	66,760	18,124	68,381	47,377	32,048	485	380	10,726	5,543	19,293	5	3,327	37	10,812	2,727	2,552	170	65,065	4,267	26,906	2,669	12,798	3,289	12,089	1,456	11,705	28,029	6,508	*Nota.* — Les états de situation des armées actives ne sont point encore parvenus.
Parcs d'artillerie des armées.																														
Royaume d'Italie	»	1,237	175	2,701	2,983	»	»	»	93	203	»	»	»	»	11	»	»	»	1,961	16	»	924	»	»	»	»	»	»	»	1er vendémiaire.
Brest	153	783	»	16,449	»	»	»	»	»	»	»	»	»	»	»	»	»	»	»	»	»	»	»	»	»	»	»	»	»	Id. (portés sur l'état de la place).
1er corps de réserve	75,460	»	»	»	»	11,857	»	»	»	»	3,606	»	»	»	1,846	»	»	»	11,767	»	»	»	»	»	»	»	400	1,065	60	15 brumaire.
Totaux généraux	282,008	69,480	18,299	87,034	50,360	43,905	485	380	10,819	5,746	22,909	5	3,327	37	12,409	2,727	2,552	170	79,793	4,283	26,906	3,593	12,798	3,289	12,089	1,456	12,105	29,097	6,568	

Maréchal Berthier.

ÉTAT GÉNÉRAL des munitions existantes à l'époque du 1er vendémiaire an XIV.

…s DES DIRECTIONS.	BOULETS												BOMBES.				OBUS.			GRENADES		BALLES	CARTOUCHES	POUDRE	PLOMB en saumons ou en balles.	OBSERVATIONS.
	PLEINS.										CREUX.		12 pouces.		10 pouces.	8 pouces.	8 pouces.	6 pouces.	5 pouces, 7 lig., 1 pts.	de rempart.	à main.	de fer.	d'infanterie.	en tonneaux.		
	48.	36.	24.	18.	16.	12.	8.	6.	4.	3.	24.	12.	Renforcées.	Ordinaires.										kilogr.	kilogr.	
……	»	»	42,700	9,963	157,538	132,856	67,876	21,459	60,851	126	5,792	»	1,270	10,715	12,113	51,073	18,181	7,887	»	32,704	185,523	969,127	3,232,131	145,851	602,882	
……	»	»	761	190	12,406	4,359	7,672	5,300	12,255	»	»	3,708	»	2,114	1,931	2,767	175	»	»	»	1,778	288,098	673,157	16,029	149,702	
…ber.	»	8,035	16,264	8,551	48,507	22,553	7,157	»	16,705	»	94	»	8,804	10,948	2,573	10,498	819	5,914	250	8	13,727	642,143	5,285,776	120,728	79,102	
……	»	1,690	37,823	3,289	102,473	18,766	36,515	5,934	18,569	2,335	276	»	»	14,414	7,751	30,223	8,574	4,797	323	67,559	87,707	283,240	2,747,931	179,781	138,666	
……	»	604	47,056	»	100,308	107,314	69,336	»	75,147	7,748	7,748	»	»	2,154	8,033	9,085	5,005	6,570	»	725	5,801	5,562,339	231,394	251,416	114,831	
……	»	»	172,167	13,731	222,921	265,178	86,043	33,544	92,460	32,610	32,610	»	»	21,452	13,647	39,034	10,287	12,309	»	81,509	126,682	4,009,142	4,851,252	1,257,906	219,616	
…rg.	»	»	107,323	»	58,057	125,202	106,002	26,147	90,179	879	»	»	»	26,517	7,087	20,253	11,635	40,456	1,336	9,069	131,914	1,020,824	13,060,225	735,232	360,074	
…sach.	»	»	12,321	»	39,245	61,693	64,613	8,494	94,757	»	»	»	»	8,921	3,713	15,458	6,623	16,775	»	1,342	45,719	112,075	7,973,306	723,123	170,731	
……	»	6,531	24,576	»	39,104	34,775	27,070	»	35,026	»	120	»	»	1,937	8,019	7,806	9,560	18,217	»	3,803	37,641	66,686	293,261	118,091	60,582	
……	»	127	35,209	190	31,031	24,162	21,030	1,852	39,251	563	32	»	301	8,415	2,336	4,222	4,215	8,600	»	610	76,672	812,691	2,605,205	561,853	284,171	
……	»	21,845	76,732	17,765	91,547	26,287	31,402	5,974	67,912	2,700	»	»	»	12,020	6,319	19,333	14,356	12,628	»	1,392	22,033	95,301	4,141,980	255,409	142,065	
…lier.	»	97	17,420	774	7,876	680	16,982	515	21,702	30	»	»	»	2,747	100	»	201	2	»	»	3,183	1,660	180,951	31,130	5,855	
…on.	»	253	40,212	»	15,026	21,039	21,354	808	42,347	2,280	»	»	»	7,141	2,957	4,274	4,914	3,282	»	356	8,296	171,330	2,689,640	170,634	37,642	
……	»	2,354	37,608	8,572	27,573	22,860	35,384	127	23,066	600	»	»	»	7,381	35	7,992	2,022	2,451	»	106	23,675	376,043	4,039,472	156,977	54,913	
…elle.	1,637	17,302	31,308	6,961	73,863	26,314	21,951	1,443	21,230	288	2,006	3,425	»	12,222	»	1,339	1,840	3,664	170	»	39,206	1,445,138	1,085,039	299,503	216,798	
……	»	7,637	32,901	11,149	10,337	40,544	29,831	4,145	63,772	1,592	2,031	1,215	»	8,396	5,772	9,340	5,723	6,145	119	1,380	9,013	1,267,670	2,138,328	261,694	82,198	
……	3,940	8,505	25,135	17,116	17,029	24,069	16,332	3,070	33,045	577	722	192	»	11,467	4,330	12,360	2,605	4,737	»	1,310	1,907	258,147	1,001,307	243,873	284,398	
…s.	»	10,123	17,417	6,907	16,639	5,094	24,002	»	6,045	»	3,516	»	1,348	4,745	143	»	2,081	2,220	»	»	5,033	320,730	1,055,212	300,515	42,027	
…rg.	924	14,387	32,790	2,234	7,171	20,784	5,461	1,743	5,070	153	48	»	»	5,712	1,529	133	496	4,990	»	»	2,731	203,854	1,374,896	171,787	19,108	
……	»	»	14	»	»	»	»	222	»	»	9	»	»	»	»	39	»	»	»	»	»	»	»	»	2,141	
…he.	»	»	105,106	»	5,352	158,089	9,422	55,580	10,975	56,205	6,324	1,702	»	3,817	91	741	318	18,438	»	22,058	78,159	324,750	5,178,098	680,551	83,371	
……	»	562	96	93	4,006	1,207	202	3,127	1,007	583	»	»	»	1,082	»	»	2,615	1,039	»	7,827	28,667	»	576,084	40,513	2,803	
……	»	»	14,679	1,650	13,280	472	68	1,214	3,706	4,776	»	»	»	»	»	»	»	3,935	»	622	22,630	»	1,069,795	141,368	1,457	
…bt.	»	»	9,623	6,407	20,565	82,202	31,702	15,779	43,564	3,099	331	»	»	6,286	4,672	6,159	8,475	17,003	»	8,002	27,170	211,351	5,764,787	519,756	604,106	
……	4	6,894	24,094	5,559	9,209	6,028	8,958	6,314	4,669	9,211	324	»	350	3,728	1,034	1,667	1,682	4,114	»	2,020	10,336	194,001	937,830	150,089	1,071	
……	»	4,116	41,043	7,071	4,127	13,568	7,338	762	6,068	602	»	»	1,742	4,472	1,821	1,384	706	3,554	»	4,520	1,571	17,936	1,630,040	184,482	20,511	
…e.	»	11,333	32,470	4,573	9,828	18,883	6,259	7,262	10,340	3,308	1,566	»	»	1,662	»	7,231	1,646	9,382	»	2,568	15,564	23,650	638,416	203,572	46,033	
……	»	»	209	5	5	449	582	30	736	»	78	»	»	24	»	12	»	91	»	»	10	»	151,189	1,119	4,290	
……	»	152	256	»	535	7,808	7,354	»	2,456	»	»	»	»	»	»	»	»	»	»	»	92	32,941	107,878	5,780	4,917	
……	»	45	»	»	»	2,457	3,148	375	273	»	»	»	»	11	50	125	»	»	»	»	»	1,000,000	400,397	10	171	
……	»	»	38,163	1,546	36,320	130,316	40,112	27,523	72,670	10,762	11,511	»	»	2,541	13,645	5,241	3,931	30,703	»	8,121	139,819	439,572	3,824,161	518,541	235,680	
TOTAUX……	6,505	123,304	1,072,733	134,802	1,249,052	1,463,409	816,854	251,877	994,483	113,134	75,300	10,342	13,810	203,434	111,805	278,899	133,411	252,174	5,226	265,572	1,132,631	21,865,928	81,783,517	8,482,350	4,069,831	
…d'Italie……	»	»	120	»	»	5,093	458	6,344	2,031	2,432	1,180	1,014	»	58	»	»	164	1,241	»	356	10,824	1,400	5,000,715	97,300	61,700	1er vendémiaire.
……	»	»	»	»	»	»	»	»	»	»	»	»	»	»	»	»	»	268	»	»	»	»	4,262,850	»	»	Id. (portés sur l'état de la place).
…de réserve……	»	»	20,000	»	»	»	»	»	»	»	»	»	»	»	»	10,000	»	»	»	»	»	»	»	»	»	15 brumaire.
…TAUX GÉNÉRAUX……	6,555	123,304	1,092,223	134,802	1,249,052	1,469,102	819,312	258,221	996,517	115,570	76,480	11,356	13,810	203,492	111,805	287,899	133,575	253,683	5,226	265,927	1,143,815	21,867,328	91,247,082	8,579,650	4,151,531	*Nota.* — Les états de situation de l'armée active ne sont pas encore arrivés.

Maréchal BERTHIER.

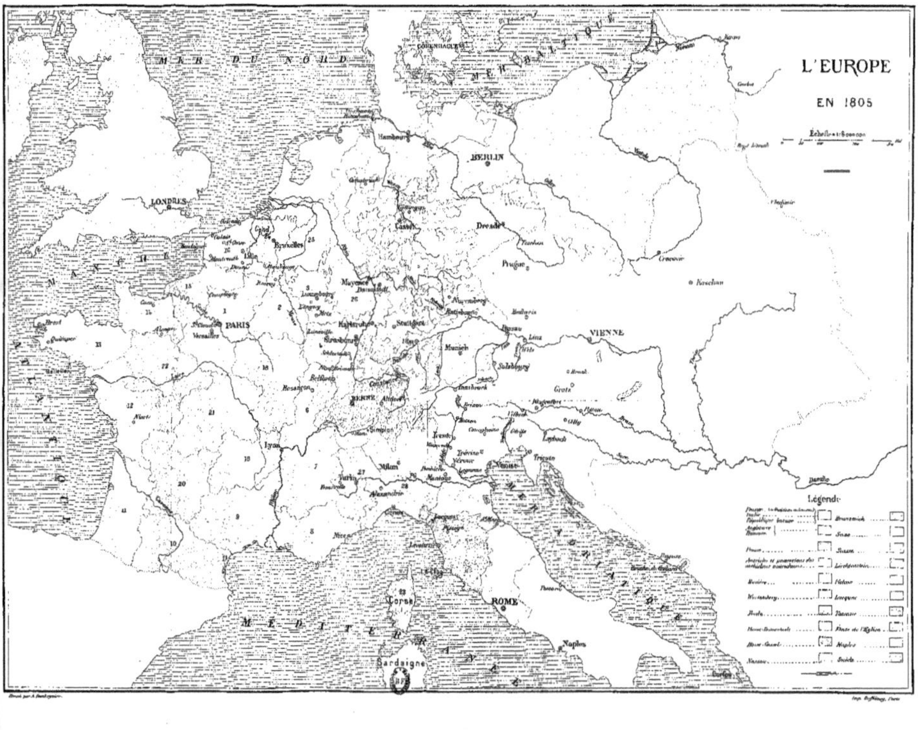

L'EUROPE
EN 1805
MER DU NORD
LONDRES
PARIS
Bruxelles
Hambourg
BERLIN
Dresde
Prague
VIENNE
Stuttgart
Munich
Lyon
Milan
Turin
ROME
Naples
Corse
Sardaigne
Légende

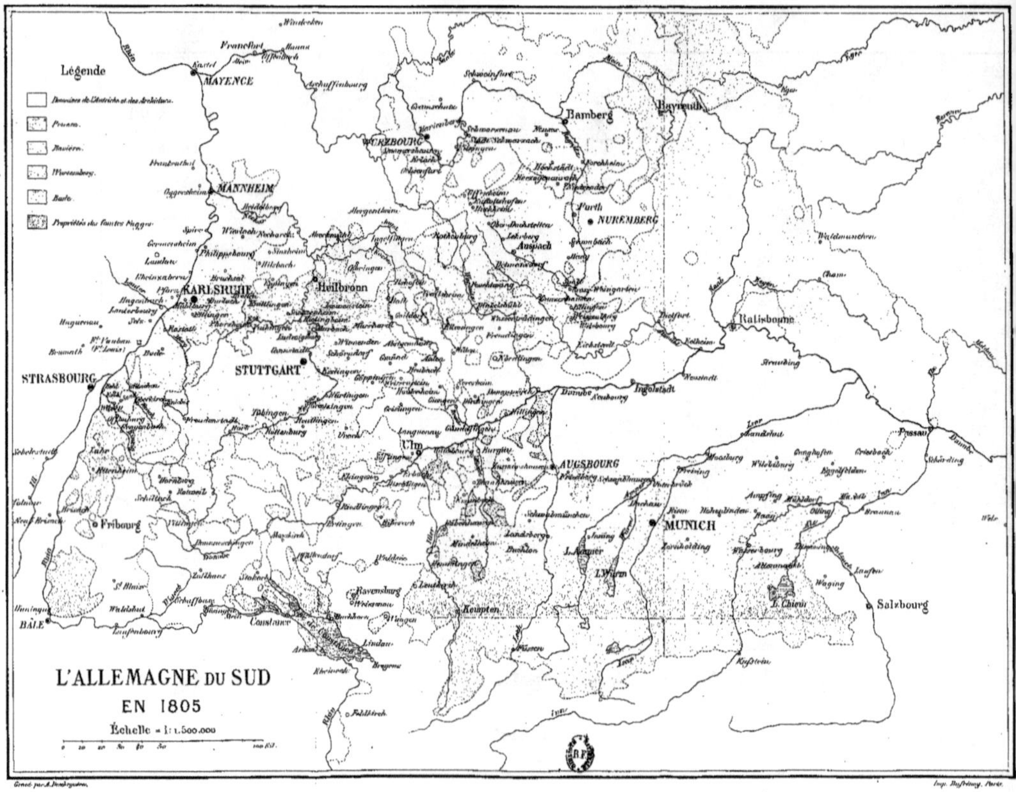

Légende
L'ALLEMAGNE DU SUD
EN 1805
Échelle = 1 : 1.500.000
MAYENCE
Francfort
MANNHEIM
KARLSRUHE
Heilbronn
STUTTGART
STRASBOURG
Fribourg
BÂLE
Constance
Ulm
AUGSBOURG
MUNICH
Ingolstadt
Ratisbonne
NUREMBERG
Bamberg
Bayreuth
WURZBOURG
Ausbach
Kempten
Salzbourg
Passau
Ravensburg
Lindau
L. Chiem
L. Wurm
L. Ammer

Fragments des Cartes employées par l'Empereur en 1805

CARTE DE SOUABE, par BOHNENBERGER

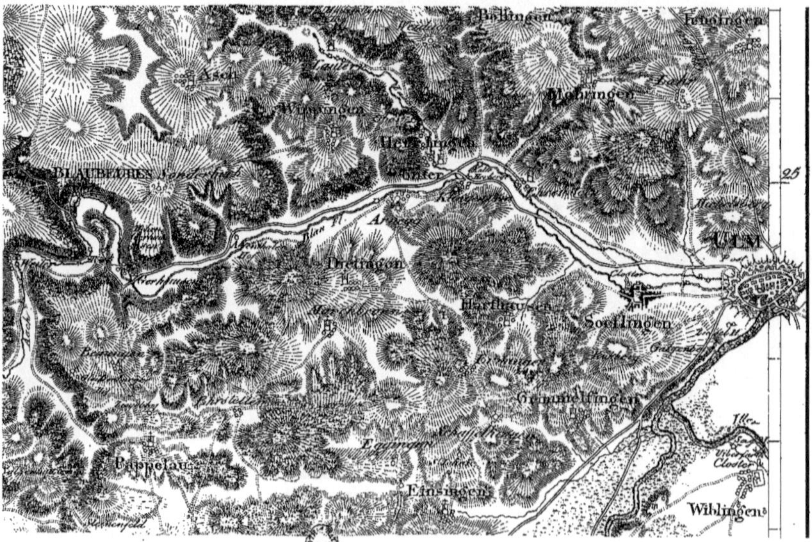

1805. — I.

Échelle de $\frac{1}{90,000}$

Fragments des Cartes employées par l'Empereur en 1805

CARTE DE HESSE, par Haas

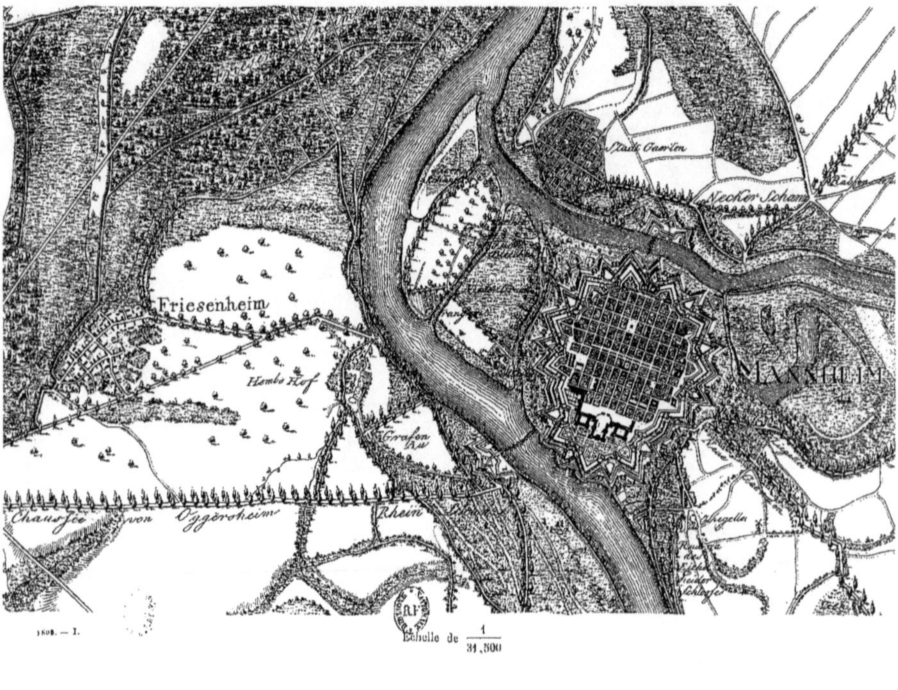

Échelle de $\frac{1}{31{,}500}$

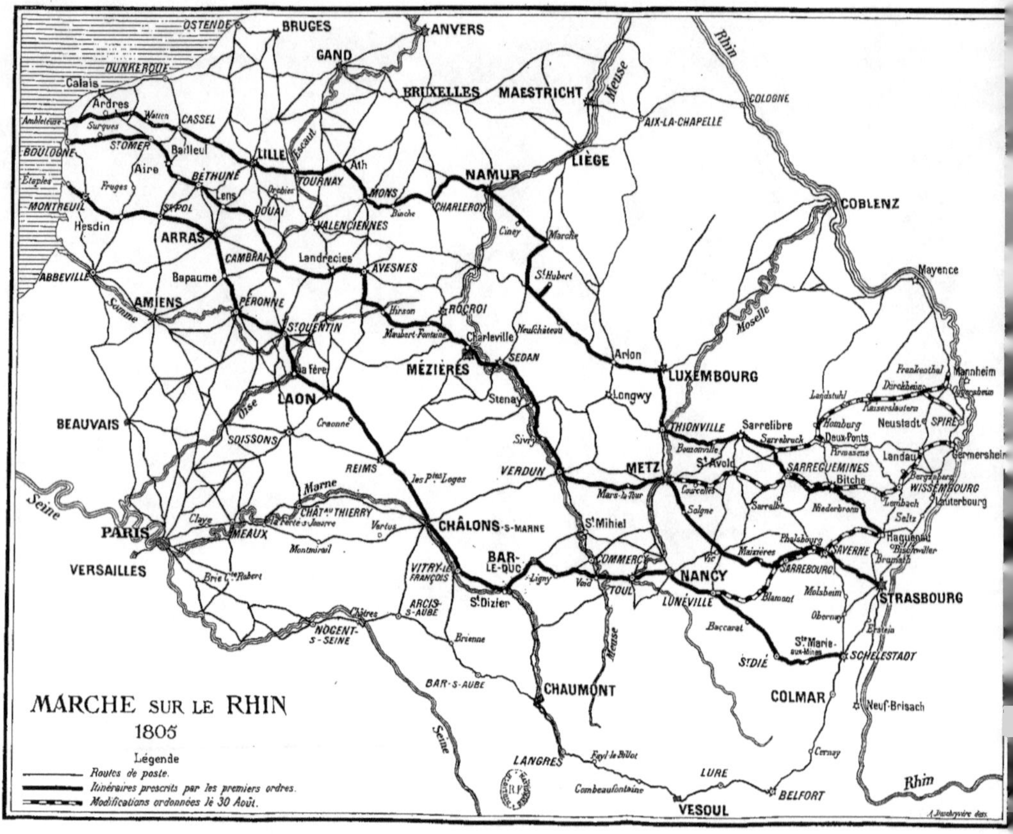

MARCHE SUR LE RHIN
1805
Légende
Routes de poste.
Itinéraires prescrits par les premiers ordres.
Modifications ordonnées le 30 Août.
OSTENDE
BRUGES
ANVERS
GAND
DUNKERQUE
Calais
Ardres
CASSEL
BRUXELLES
MAESTRICHT
Meuse
Rhin
COLOGNE
AIX-LA-CHAPELLE
BOULOGNE
S.T OMER
Bailleul
LILLE
Ath
LIÈGE
NAMUR
Aire
BÉTHUNE
TOURNAY
Lens
MONS
CHARLEROY
COBLENZ
MONTREUIL
Hesdin
S.T POL
DOUAI
VALENCIENNES
Ciney
Marche
ARRAS
CAMBRAI
Landrecies
AVESNES
ABBEVILLE
Bapaume
St Hubert
Mayence
AMIENS
PÉRONNE
ROCROI
S.T QUENTIN
Hirson
Charleville
Neufchâteau
Moselle
SEDAN
Arlon
MÉZIÈRES
La Fère
LUXEMBOURG
Mannheim
LAON
Stenay
Longwy
BEAUVAIS
Craonne
THIONVILLE
Sarrelibre
Homburg
Neustadt
SPIRE
SOISSONS
Deux-Ponts
Landau
Germersheim
Oise
REIMS
VERDUN
METZ
S.t Avold
SARREGUEMINES
Bitche
WISSEMBOURG
Lauterbourg
Marne
Seine
CHÂT.au THIERRY
CHÂLONS-S-MARNE
S.t Mihiel
Haguenau
PARIS
MEAUX
Montmirail
Vertus
BAR-LE-DUC
COMMERCY
NANCY
SAVERNE
VERSAILLES
VITRY-LE-FRANÇOIS
SARREBOURG
STRASBOURG
TOUL
LUNÉVILLE
Blamont
ARCIS-S-AUBE
S.t Dizier
Ligny
NOGENT-S-SEINE
Baccarat
Brienne
S.tes Marie-aux-Mines
SCHELESTADT
S.T DIÉ
BAR-S-AUBE
CHAUMONT
COLMAR
Neuf-Brisach
LANGRES
LURE
Combeaufontaine
BELFORT
VESOUL

www.ingramcontent.com/pod-product-compliance
Lightning Source LLC
Chambersburg PA
CBHW052048090426
42739CB00010B/2089